HAUTE-COUR DE JUSTICE.

PIÈCES
LUES DANS LE COURS DE L'EXPOSÉ FAIT PAR L'ACCUSATEUR NATIONAL A L'OUVERTURE DES DÉBATS.

Séance du 6 Ventôse.

No. I.

Soixante-unième pièce de la septième liasse. (1)

ÉGALITÉ. LIBERTÉ.

BONHEUR COMMUN.

Création d'un Directoire insurrecteur.

Des démocrates français, douloureusement affectés ; profondément indignés, justement révoltés de l'état inoui de misère & d'oppression dont leur malheureux pays offre le spectacle ;

Pénétrés du souvenir que lorsqu'une constitution démocratique fut donnée au peuple & acceptée par lui, le dépôt en fut remis *sous la garde de toutes les vertus* ;

Considérant, en conséquence, que c'est aux vertus les plus pures, les plus courageuses, qu'appartient l'initiative

(1) Cette pièce est de l'écriture de Pillé.

de l'entreprise de venger le peuple, lorsque, comme aujourd'hui, ses droits sont usurpés, sa liberté ravie, & jusqu'à son existence compromise;

Reconnoissant que c'est un reproche injuste que celui qui accuse le peuple de lâcheté, & que le peuple n'a jusqu'ici ajourné sa justice qu'à défaut d'avoir de bons conducteurs prêts à paroître à sa tête;

Reconnoissant que le comble de la mesure des crimes d'une autorité usurpatrice a mûri les dispositions de toutes les ames en faveur d'une explosion révolutionnaire, au point que, pour la rendre fructueuse, pour mettre les régulateurs en mesure d'en assurer le succès, il sera peut-être nécessaire de tempérer plutôt que d'accélérer l'élan des hommes libres;

Ont résolu ce qui suit:

Article premier.

Ils se forment dès ce moment en directoire insurrecteur, sous le nom de Directoire secret de salut public. Ils prennent en cette qualité l'initiative de la conduite de tous les mouvemens qui doivent mener le peuple à ressaisir sa souveraineté.

II. Ce directoire est de quatre membres.

III. Ce directoire sera secret; les noms de ses membres ne seront même point connus des premiers agens. Il y aura entre ceux-ci & les membres du directoire des agens intermédiaires pour servir les communications des uns aux antres.

IV. Le directoire secret de salut public s'engage de remplir l'immense étendue des devoirs que ce grand titre lui impose.

V. Il sera apposé une marque distinctive aux instructions par écrit qui seront indispensables à donner aux principaux agens, & cette marque servira à les prémunir contre toute surprise sur de fausses instructions; elle leur garantira, malgré le défaut de ſignatures, l'authenticité des actes qu'ils recevront du directoire ſecret.

N°. II.

Organiſation des agens principaux au nombre de douze, & des agens intermédiaires. Premières fonctions de chacun d'eux.

Le directoire ſecret de ſalut public a réſolu ce qui ſuit :

ARTICLE PREMIER.

Il y aura douze agens révolutionnaires principaux, dont un pour chaque arrondiſſement de la commune de Paris.

II. Chacun d'eux eſt chargé d'organiſer, dans ſon arrondiſſement, une ou pluſieurs réunions de patriotes, d'y alimenter, d'y diriger l'eſprit public par des lectures de journaux populaires, & par des diſcuſſions ſur les droits du peuple & ſur ſa ſituation préſente.

III. Ces agens tiendront note du thermomètre journalier de l'eſprit public. Ils rendront compte, dans ces notes, des diſpoſitions plus ou moins favorables des patriotes; ils ſignaleront les individus qu'ils remarqueront les plus capables de ſeconder la marche du mouvement qu'il convient d'amener, ils indiqueront le genre d'emploi ou la tâche révolutionnaire auxquels ils croiront que chacun des individus eſt propre; ils déſigneront pareillement les intrigans, les faux frères qui tenteront de ſe gliſſer dans les raſſemblemens, & ils rendront compte encore des entraves & des oppoſitions miſes par ceux-ci au développement de l'énergie, à l'inſpiration des bons principes & des idées régénératrices.

IV. Il y aura des agens intermédiaires pour entretenir y

les communications entre les principaux agens & le directoire secret.

V. C'est à ces agens seuls que les douze agens principaux remettront les notes de leurs observations journalières.

VI. Les agens intermédiaires iront chercher successivement ces notes, tous les jours ou tous les deux jours, au domicile même de chacun des agens principaux.

VII. La présente organisation avec celle du directoire secret, & l'instruction suivante, seront remises à chacun des agens principaux.

No. III.

Quinzième pièce de la huitième liasse.

LIBERTÉ. ÉGALITÉ.

BONHEUR COMMUN.

Organisation des agens militaires, leurs fonctions & leurs rapports de communications avec les agens intermédiaires.

Le Directoire secret de salut public a résolu ce qui suit :

Article Ier. Il y aura des agens révolutionnaires principaux employés secrètement auprès des différens corps armés placés dans l'intérieur & autour de Paris.

II. Le nombre de ces agens n'est point déterminé ; il en sera établi autant que les circonstances paroîtront le rendre nécessaire.

III. Chacun de ces agens eſt chargé de former & de diriger l'eſprit public des ſoldats en général, & en particulier des corps & bataillons qui lui ſeront aſſignés.

IV. Cet eſprit public militaire ſera ſtimulé & alimenté par les agens ; d'abord, en facilitant la propagation des journaux & autres écrits populaires, enſuite en donnant lieu à des entretiens habituels & à des diſcuſſions fréquentes ſur les droits du peuple, ſur ſa ſituation préſente & ſur la ſituation de l'armée.

V. Ces agens tiendront note du thermomètre journalier de l'eſprit militaire; ils rendront compte, dans ces notes, des diſpoſitions plus ou moins favorables de la maſſe des ſoldats; ils ſignaleront les individus qu'ils remarqueront les plus capables d'aider la marche du mouvement qu'il convient d'amener; ils indiqueront le genre d'emploi ou la tâche révolutionnaire auxquels ils croiront que chacun de ces individus eſt propre; ils déſigneront pareillement les intrigans, les eſclaves, les petits tyrans ſubalternes, & ils rendront compte des entraves & des oppoſitions miſes par ceux-ci au développement de l'énergie, à l'inſpiration des bons principes & des idées régénératrices.

VI. Il y aura des agens intermédiaires pour entretenir les communications entre les agens principaux & le Directoire ſecret.

VII. C'eſt à ces agens ſeuls que les agens principaux remettront les notes de leurs obſervations journalières.

VIII. Les agens intermédiaires iront chercher ſucceſſivement ces notes, tous les jours ou de deux jours l'un, au domicile même de chacun des agens principaux.

IX. La préſente organiſation avec celle du Directoire ſecret & l'inſtruction ſuivante, ſeront remiſes à chacun des agens principaux.

N°. I V.

Quatrième pièce de la sixième liasse.

1. Morel. †. 1.
2. Bodmam.
3. Meneſſier.
4. Bouin.
5. Guilhem.
6. Ficquet. Van. †. 2.
7. Paris.
8. Cazin.
9. Deray. Vacrez.
10. Pierron.
11. J. Bodſon. †. 3.
12. Morroy.

N°. V.

Première pièce de la douzième liaſſe.

Dixième arrondiſſement.

Paris, 8 floréal, l'an 4 de la République.

ÉGALITÉ. LIBERTÉ.

BONHEUR COMMUN.

LE DIRECTOIRE DE SALUT PUBLIC;

Au citoyen Pierron.

Le compte avantageux qui nous a été rendu de tes vertus civiques & de la profonde haine que tu as vouée aux tyrans, nous a déterminés à te confier une mission de la première importance. L'arrondissement dans lequel tu es placé est le seul où le Directoire insurrecteur n'ait point encore eu d'agens, depuis plus d'un mois qu'il est institué. Les soins extrêmes & scrupuleux qu'il a dû apporter dans le choix de ceux en qui il place sa première confiance, lui a fait préférer de n'en point avoir là plutôt que d'en établir d'équivoques. Marche avec courage dans la commune carrière des tyrannicides. Aide-nous à sauver le peuple & le tirer de son malheureux esclavage ! à consolider cette fois, d'une manière stable, son bonheur !

Nous t'envoyons la collection entière de nos instructions successivement adressées à tous nos autres agens. Suis-en la lecture par ordre de dates : tu reconnoîtras par-là où nous en sommes, & tout ce que tu as à faire. Tu as plus à travailler que les autres, pour te mettre à la même mesure qu'eux : mais tout ce que nous te demandons n'est pas hors de la portée des forces d'un homme intelligent ; & il ne te sera pas même difficile d'être bientôt aussi avancé en besogne, que ceux qui se trouvent institués depuis l'origine de cette grande entreprise.

Force, énergie, activité, prudence, audace, discrétion, ou la mort.

N°. VI.

Onzième pièce de la vingt-unième liasse.

ÉGALITÉ. LIBERTÉ.

BONHEUR COMMUN.

Paris, 4 floréal l'an 4 de la République.

LE DIRECTOIRE DE SALUT PUBLIC,

A l'agent du premier arrondissement.

Lorsque nous t'avons livré un poste de grande confiance, nous te crûmes capable de l'apprécier & doué de toutes les qualités qui rendent digne de le remplir.

A tous ceux à qui nous déférâmes le même dépôt qu'à toi, nous avons demandé les mêmes vertus; & leurs travaux jusqu'à cejourd'hui garantissent que les notions exactes prises d'avance à leur égard ne nous ont point donné d'eux une opinion fausse. Ta conduite tout au moins légère depuis le moment où tu as accepté notre mission, donne lieu à des inquiétudes & du mécontentement. Inactif à l'égard de la chose la plus importante, il en a résulté deux inconvéniens graves: le premier, que cette chose importante a souffert; le second, que l'apparence la moins défavorable est celle que tu n'avois pas senti la grandeur de ton rôle. Il falloit voir qu'il exigeoit que tu y sacrifiasses toutes les affaires particulières. Les vassaux de la ci-devant Marbœuf sont moins intéressans que la patrie. Nous travaillons pour abattre la nouvelle féodalité de toute la république; ce grand affranchissement comprendra celui de la commune de *Champs*. S'il ne s'opéroit pas, tu irois vainement plaider dix ans dans un petit tribunal. C'eſt le grand procès du peuple entier qui doit occuper excluſivement tous les vrais patriotes.

Nous ne pouvons non plus te diſſimuler que nous n'avons pas appris ſans beaucoup de déplaiſir tes liaiſons intimes avec certains hommes, des hommes qui ſont très-éloignés d'être de notre religion.

Citoyen, il n'eſt rien de ce qui concerne nos agens que nous ignorions. Aucune de leurs actions & de leurs démarches ne peut nous être indifférente. Malheur à celui dont nous aurions tout-à-fait à nous plaindre. Songe que de vrais conjurés ne peuvent plus quitter ceux qu'ils ont pris une fois le parti d'employer. Il faut que ceux-ci les ſervent bien, ou que ceux-là ſachent à quoi s'en tenir à leur égard. Réfléchis encore que des hommes que toutes les inventions atroces des jugulateurs ne peuvent intimider ni déconcerter, ſeroient bien moins faits pour être joués par un de ceux dont ils ont à attendre toute autre choſe. Ce langage eſt auſtère, mais il eſt utile de nous à toi. Vois ſi tu es encore en poſition de pouvoir ne le prendre que comme une leçon fraternelle. Nous le ſaurons quand tu ne nous le dirois pas. Souviens-toi que c'eſt toujours une vérité que ce que tu as pu lire dans notre première inſtruction, « *que nous ne pouvons perdre que toi, & que ſi tu étois méchant, tu ne pourrois nous atteindre.* »

N°. VII.

Quatrième pièce de la treizième liasse.

ÉGALITÉ. LIBERTÉ.

BONHEUR COMMUN.

Paris, 6 floréal, l'an 4 de la République.

LE DIRECTOIRE SECRET DE SALUT PUBLIC,

A l'agent du septième arrondissement.

Il n'y a point de traîtres parmi nous. Le gouvernement ne sait rien : il n'a que des doutes généraux, fondés sur l'audace des écrivains populaires ; il cherche à les atteindre, mais toutes ses peines seront nulles. Rassure-toi.

La seule lettre initiale, posée sur un paquet de correspondance, pour donner seulement aux agens intermédiaires la facilité de s'y reconnoître, ne doit pas t'inspirer d'inquiétude.

Constance, intrépidité. Ces vertus sont indispensables à des révolutionnaires.

No. VIII.

Dix-neuvième pièce de la dixième liasse.

ÉGALITÉ. LIBERTÉ.

BONHEUR COMMUN.

Paris, 29 germinal, l'an IV de la République.

LE DIRECTOIRE DE SALUT PUBLIC,

A l'agent du huitième arrondissement.

CITOYENS,

Lorsque nous t'avons livré un poste de grande confiance, nous ne savons pas si, en t'y plaçant, tu as bien su apprécier les vastes devoirs qu'il t'impose; nous savons qu'il s'est commis dans ton arrondissement des indiscrétions. Il se peut que ce fût par résultat d'un excès de zèle; mais le zèle inconsidéré peut faire autant de mal que la trahison. Il nous est garanti que les canonniers du fauxbourg ont été avertis de se tenir prêts pour servir les patriotes, & qu'ils en avoient donné la promesse. S'il se trouve dans ce fait quelque chose de satisfaisant, l'on y découvre en même temps l'effet d'une imprudence dangereuse & d'une dérogation formelle à nos instructions secrètes. Notre caractère & l'importance de l'entreprise que nous avons embrassée ne nous permettra pas de te rien celer. Il est peut-être malheureux que tu ne te maintiennes pas toujours dans la situation où l'on est maître de soi; on ne sait encore que penser de tes accointances, de tes intimités avec Bentabole, dont tu vas par-tout chanter les louanges. Songe, citoyen, que tu ne t'appartiens plus : tous ceux que les révolutionnaires ont mis en réquisition, répondent de leurs actes & de tous les momens de leur conduite à la patrie. Ceux qui te parlent ne sont point des conjurés à demi ; ils sont sûrs de leur fait ; toutes les inventions atroces des jugulateurs ne peuvent ni les intimider, ni déconcerter leurs succès. Mais malheur à quiconque retarderoit ce succès en usant mal de la confiance qu'ils lui auroient donnée. Si nous t'avons jugé assez bon citoyen pour croire que les vérités contenues dans cette lettre, telles austères qu'elles soient, seroient regardées par toi comme une leçon fraternelle qui, dans tous les cas possibles, est justifiée par l'extrême importance de la mission sublime que nous ne devons pas avoir entreprise sans vouloir, à tel prix que ce soit, en garantir la réussite, & aux hommes libres nos contemporains, & à la postérité.

Hâte davantage l'envoi de tous les renseignemens que nous t'avons demandés.

No. IX.

Première instruction du directoire secret, adressée à chacun des agens révolutionnaires principaux.

CITOYENS,

Il n'en est pas des temps de crises comme des temps ordinaires. Quand le peuple jouit de ses droits, quand les principes de la liberté triomphent, nul n'a de droit sur les autres sans leur concours : aucun ne peut faire d'entreprise relative à l'intérêt général sans consulter le peuple entier & sans avoir obtenu son assentiment. La raison est qu'alors c'est le meilleur ordre qui règne, & le meilleur ordre ne se perpétue que par le maintien rigide des principes. Celui qui, les choses en cet état, revêtiroit de son chef un titre quelconque pour s'ériger, sans aucune concession, en magistrat public, sous le prétexte de vouloir améliorer la situation de ses concitoyens, seroit un usurpateur, même en supposant que ses intentions, en dernière analyse, fussent très-droites. Le motif encore très-sensible de ceci, c'est que quand le peuple est libre & qu'il peut être consulté, on ne peut pas présumer que d'autres puissent mieux juger que lui-même ce qui lui est bon & avantageux.

Il n'en est pas ainsi lorsque le peuple est enchaîné, lorsque la tyrannie l'a mis dans l'impuissance d'émettre son vœu sur tout ce qui l'intéresse; lorsqu'à bien plus forte raison, il lui est devenu impraticable d'ordonner des mesures de répression contre ses tyrans; lorsqu'il lui est impossible de leur arracher le pouvoir usurpé dont ils se servent pour le faire souffrir & languir, pour l'asservir toujours de plus en plus, & jusqu'à des bornes dont l'accroissement ne peut plus être calculé.

Alors il y a justice, il y a nécessité que les plus intrépides, les plus capables de se dévouer, ceux qui se croient pourvus au premier degré d'énergie, de chaleur & de force, de ces vertus généreuses sous la garde desquelles a été remis le dépôt d'une constitution populaire que tous les Français vraiment libres n'ont jamais oubliée; il y a alors justice & nécessité que ceux-là, convaincus d'ailleurs que l'inspiration de leur propre cœur, ou celle de la liberté elle-même, qui leur fait entendre plus fortement, plus particulièrement, sa voix, les autorise suffisamment à tout entreprendre; il y a justice & nécessité que d'eux-mêmes ils s'investissent de la dictature de l'insurrection, qu'ils en prennent l'initiative, qu'ils revêtent le glorieux titre de conjurés pour la liberté, qu'ils s'érigent en magistrats sauveurs de leurs concitoyens.

Tels sont les motifs qui nous ont semblé justifier notre résolution & lui donner un caractère de grandeur & de magnanimité. Après avoir ainsi reconnu que notre mission donnée par nous-mêmes est éminemment légitime, puisque les circonstances qui rendent cette mission indispensable pour le salut de la liberté ne permettent pas qu'elle soit transmise par la nation souveraine, nous avons en outre distingué cette vérité bien encourageante : que l'accusation de lâcheté dont on charge le peuple est un pur blasphème, & qu'à l'impatience générale qu'il manifeste pour vouloir rompre un joug en effet bien odieux, il n'est pas difficile de voir que si jusqu'à présent il n'a rien fait pour le briser, il faut en attribuer la seule cause à ce qu'il s'est vu sans guides ; & nous avons remarqué que c'est avec le plus grand regret qu'il ajourne la répression des attentats accumulés contre lui. Tout nous a annoncé ce qu'il seroit capable de faire s'il appercevoit à sa tête des conducteurs dignes de toute sa confiance.

Animés par de telles dispositions, nous avons été immédiatement conduits à jeter nos regards sur des hommes capables de nous seconder dans la plus glorieuse entreprise. C'est vous, citoyens, qui, par une suite de conduite républicaine, par des actes multipliés d'un civisme pur pendant tout le cours de la révolution, par des épreuves terribles dans les jours de persécution de tout ce qui fut patriote & vertueux ; c'est vous sur qui ceux qui se sont constitués les premiers vengeurs de la patrie trahie, ont porté leurs vues pour transmettre leur première confiance, & vous déléguer les premières & principales divisions des opérations.

La portion du dépôt que le directoire secret de salut public vous communique, est précieuse & importante ; sa garde exige beaucoup de discrétion, de prudence, d'activité, & d'amour pour le bien de tous ; elle exige toutes les vertus d'hommes tels que le directoire vous a cru être.

Le directoire secret a pesé son organisation fondamentale & celle de ses rapports avec vous dans la balance de la sagesse & de la circonspection.

Il a cru devoir créer douze agens municipaux dans les douze arrondissemens de la commune de Paris ; & il a tellement combiné leurs moyens de communication avec lui, que la correspondance sera presque directe, sans cependant que les douze agens principaux puissent connoître les membres du directoire. La raison de cette précaution est facile à saisir. On a senti que la partie la plus importante du secret de l'insurrection projetée, celle d'où dépend le succès de toute la suite des opérations ; on a senti que la partie la plus importante de ce secret n'étoit pas autant l'existence d'un comité insurrectionnel que la connoissance des personnages qui le composent. En effet, que la tyrannie apprenne qu'un tel comité existe, dès que ses membres sont inconnus il n'en peut résulter aucun mal pour eux ; il n'en résultera pas non plus pour la patrie, si ce n'est d'avertir le despotisme de se tenir sur ses gardes ; & il y a long-temps qu'il s'y tient, parce qu'il y a long-temps qu'il sait que ses crimes doivent avoir inspiré toutes les ames pures vers la disposition de conspirer contre lui. Il n'y auroit donc pas un grand danger dans la divulgation de l'existence d'un comité de révolution générale, & nous examinerons plus tard si même il ne sera pas sage, à certaine époque, d'en laisser transpirer le demi-aveu, afin d'encourager davantage la majorité malheureuse qui ne soupire qu'après l'occasion & le moment de sortir d'oppression ; au lieu que l'on perdroit tout par la découverte des premiers conjurateurs : en les perdant, l'ensemble combiné des ramifications qui partent d'un centre unique seroit détruit ; & un second effet certain & désastreux seroit le déconcert & la terrification des plus courageux citoyens.

Ce sont là, républicains, les motifs qui ont déterminé le directoire de salut public, malgré la plus grande confiance qu'il a en vous, puisqu'il vous choisit pour ses principaux & ses premiers agens ; ce sont là les motifs qui l'ont déterminé vers le parti de vous faire ignorer à vous-mêmes quels sont ses membres. Le danger d'une imprudence ou celui d'une contre-détermination ; celui encore que fait naître la connoiſſance de la foibleſſe humaine, qui ſupporte trop ſouvent comme un fardeau le poids d'une grande confidence, & ſemble ſe ſoulager en la dépoſant dans le ſein de l'amitié, ou de ce qu'on croit être elle; tout cela, en outre, a été conſidéré par le directoire ſecret, & il n'a pas voulu abandonner peut-être le ſalut de la patrie au haſard de telles chances : outre que, ſous le rapport de la fidélité, il eſt encore très-difficile d'être aſſuré de celle également inébranlable de douze hommes inſtitués les dépoſitaires de choſes de la dernière importance. Le directoire ſecret a cru qu'il n'en parviendroit pas moins ſûrement à vous inſpirer à vous-mêmes cette entière confiance que le ſalut de la choſe exige, que de votre côté vous placez en lui. Comment l'a-t-il cru? En ſe perſuadant que vous verriez dans la hardieſſe, dans le dévouement, dans le fonds de vertu qu'il faut avoir pour embraſſer une telle entrepriſe, à qui s'offriroit pour repoſer cette confiance.

Il a encore cru que, pour ſeconde garantie à votre égard, il étoit un ton de vérité & de bonne foi que la malveillance n'a jamais ſu très-bien ſimuler, & que, ce ton, vous l'appercevrez dans tous ſes actes.

En même temps que nous nous ſommes armés de toutes les précautions propres à nous rendre inſaiſiſſables & à rendre nos meſures impoſſibles à déconcerter, nous avons voulu que vous fuſſiez à l'abri de toute ſurpriſe, & qu'à des marques particulières, empreintes ſur nos actes, vous ſoyez toujours en meſure d'en reconnoître l'authenticité, indépendamment de ce qu'ils ne comporteront pas de ſignatures.

Le directoire ſecret a pouſſé la prudence juſqu'à iſoler entre eux les douze agens principaux. Ils recevront tous les mêmes inſtructions; ils ſeront chargés tous de faire les mêmes choſes, de concourir à la même fin, & cependant ils ne ſe connoîtront pas entre eux. Nous avons penſé que cette connoiſſance réciproque n'étoit nullement néceſſaire; *il n'en pourroit réſulter aucun bien*, puiſqu'évidemment il ſuffit que la marche de l'impulſion ſoit immédiatement reçue du directoire secret par chacun des agens, & puisqu'il est encore incontestable que le succès ne peut dépendre que de l'exécution très-ponctuelle, & qu'une concertation entre les douze agens pourroit n'amener que des entraves, des retards ou des modifications qui peut-être s'éloigneroient des vues & des combinaisons du directoire régulateur. *Il en peut résulter le plus grand mal*, si, dans un cas dont le soupçon sans doute doit être jeté bien loin de nous, d'après le soin scrupuleux que nous avons mis dans le choix des principaux agens (mais il faut tout craindre, tout supposer au pis, & tout prévenir d'avance, lorsqu'il s'agit d'objets aussi sérieux); il pourroit, disons-nous, résulter le plus grand mal à la réciproque connoissance de la mutuelle communication des premiers agens du directoire secret; dans le cas très-malheureux où l'un d'eux viendroit à commettre une indiscrétion ou une perfidie, il immoleroit peut-être alors tous ses co-agens, au lieu que ne les connoissant pas, les insurgens, par l'effet de sa mal-adresse ou de son infidélité, ne peuvent perdre que lui; il ne peut ni entraîner personne dans sa défection, ni désorganiser l'entreprise & compromettre le sort de la liberté.

Les mêmes précautions d'isolement sont prises à l'égard des agens intermédiaires, mêmes soins ont été apportés dans leur choix; mais, indépendamment de cette attention, tout est encore arrangé par rapport à eux, de manière à ce qu'un seul ne puisse compromettre que lui ou n'enlève que sa personne à tout le parti des conjurés; il ne connoîtra d'ailleurs ni le rôle positif qu'il jouera, ni celui de l'agent principal qu'il approchera & dont il sera l'un des ressorts de correspondance avec le directoire secret. Il sera induit à se croire employé pour tout autre objet; il ne remettra pas les paquets de correspondance directement au directoire secret, & le tout arrivera à ce même directoire sans qu'aucun intermédiaire puisse être dans la confidence: ainsi les agens principaux n'auront pas à craindre d'être trahis ni par leurs co-agens, ni [illegible] intermédiaires, puisque les uns & les autres [illegible] les connoîtront pas pour ce qu'ils seront. Les agens principaux ne seront connus que des quatre membres du directoire secret; & de ceux-là, telle chose qui arrive sans doute, ils ne doivent pas s'en mêler.

En général, le directoire secret ayant adopté le grand système de tout isoler, de couper toutes les communications, il subordonnera toute son organisation à cet ordre, tellement que chaque individu employé médiatement ou immédiatement par lui ne pourra trahir personne, & que sa perte n'enlèvera que lui aux révolutionnaires. Sans doute un tel plan, d'après lequel chacun n'aura uniquement à se défier que de soi, est fait pour rassurer tous ceux qui concourront à sa réussite.

Quant aux précautions que toujours l'extrême prudence nous commande de prendre nous-mêmes à votre égard, pour n'être point trompés par les rapports & les renseignemens de quelques-uns de vous, cela nous regarde. Nous n'exigeons ni n'établissons de marques particulières, ni de signatures pour nous garantir l'authenticité de ces rapports; mais nous sommes sûrs de distinguer cette authenticité à des signes & à des preuves non équivoques.

Après vous avoir parlé, citoyens, de ce qui nous a paru légitimer notre entreprise, & de ce qui doit individuellement vous tranquilliser tous en y coopérant, il convient de vous tracer ce que le directoire secret estime que, dans ces premiers momens, vous avez à faire.

Les articles II & III de l'organisation que nous avons déterminée, & qui précèdent cette instruction, vous l'indiquent.

« Organiser, dans votre arrondissement, une ou plusieurs réunions patriotiques; y alimenter, y diriger l'esprit » public par des lectures de journaux populaires, & par des » discussions sur les droits du peuple & sur sa situation » actuelle.

» Tenir des notes du thermomètre journalier de l'opi» nion; rendre compte, dans ces notes, des dispositions;

» plus ou moins bonnes, plus ou moins énergiques des
» patriotes ; ſignaler les individus que vous remarquerez les
» plus capables de ſeconder la marche du mouvement à pro-
» duire ; indiquer le genre d'emploi ou la tâche révolution-
» naire auquel vous croyez que chacun de ces individus ſeroit
» propre ; déſigner les intrigans, les faux frères qui tenteront
» de ſe gliſſer dans les raſſemblemens, rendre compte encore
» des entraves & des oppoſitions miſes par ceux-ci au déve-
» loppement de l'énergie, à l'inſpiration des bons principes
» & des idées régénératrices. »

Les articles IV & V de la même organiſation détermi-
nent les moyens par leſquels vous pourrez tranſmettre au
Directoire ſecret ces notes, renſeignemens ou rapports qu'il
attend de vous.

Vous les remettrez aux agens intermédiaires, qui les iront
recevoir directement de vos mains, de même qu'ils vous
remettront les inſtructions ultérieures que le directoire ſecret
ſe trouvera obligé de vous faire paſſer.

Telle eſt, citoyen, dans ce premier moment, la déter-
mination de votre tâche. Nous ne pourrons plus avoir à vous
préſenter que quelques idées de détail, que vous modifierez
même au gré de votre prudence.

En vous invitant à organiſer dans votre arrondiſſement
une ou pluſieurs réunions patriotiques, vous concevez qu'il
eſt convenable que cela ſe faſſe ſans trop d'affectation ; &
il eſt poſſible que de telles réunions ſe forment par vous,
& que leur eſprit devienne le vôtre, ſans que vous ayez l'air
d'en être ni le fondateur ni le meneur : ſacrifions la gloriole
de paroître à l'avantage d'être & de faire réellement. Rien
ne garantit de grands & véritables ſuccès, rien ne peut don-
ner une meilleure ſatisfaction intérieure, comme de ſe
rendre compte à ſoi-même que l'on eſt l'inſtrument inviſible
par qui ſe meuvent de grands reſſorts. Nous rendons alors à
notre génie un hommage mérité, bien ſupérieur à celui que
s'attribueroit la jactance empreſſée de quiconque voudroit
paſſer pour principal acteur dans une ſcène politique. [illegible]

assez temps de cueillir les applaudissemens de nos frères lorsque nous les aurons sauvés.

Or donc, il nous paroît très-praticable que les agens principaux instituent, organisent & dirigent les clubs que nous desirons, sans avoir l'air d'instituer, d'organiser, de diriger rien : même en parlant d'organiser, nous croyons toujours par les mêmes raisons de prudence qu'il doit falloir moins s'attacher à faire de nouvelles créations qu'à asseoir notre édifice sur d'anciens élémens, d'anciennes bases déja existantes. Dans plusieurs arrondissemens vous avez des cafés où s'assemblent déja habituellement les patriotes : attachez-vous tout simplement à les y attirer en plus grand nombre & plus souvent. Cherchez cependant à multiplier plutôt ces points de réunion qu'à les encombrer d'une multitude trop considérable où l'on ne se connoîtroit plus, & où l'on donneroit lieu à l'autorité de concevoir de l'ombrage. Visitez tour-à-tour chacun de ces lieux ; préférez encore de composer des rassemblemens dans les maisons particulières plutôt que dans les cafés : là, les patriotes seront plus complétement libres, moins exposés *au mouchardage*, plus à portée de n'admettre parmi eux que les frères dont ils seront sûrs. En général, évitez de donner une importance publique & extérieure à ces rassemblemens ; n'appelez pas cela des clubs, des sociétés, des réunions ; évitez tous les noms pompeux : dites tout bonnement le café *tel*, la maison *telle*, l'habitude de vous y rendre, nommez cela des promenades, des visites ; que les choses y soient, mais non les mots.

Nous vous avons parlé d'une autre tâche après celle de l'établissement des lieux de réunions ; c'est celle d'y alimenter & d'y diriger l'esprit public. Nous avons établi que pour cela des discussions sur les droits du peuple & sur son actuelle position difficile, jointes à des lectures de journaux populaires, suffiroient. Oh ! sur-tout ces lectures de journaux populaires ! le directoire secret vous recommande ce moyen comme le levier le plus puissant. Le choix de ces journaux ne vous sera pas difficile : vous les connoîtrez aisément. Le directoire secret vous en fera passer, non seulement pour distribuer dans vos réunions, mais encore particulièrement à tous les meilleurs patriotes. Outre les écrits, tous autres moyens d'agir & de faire agir vous seront fournis quand il en sera besoin. Les journaux dont nous venons de parler vous serviront, en grande partie, de boussole, & d'instructions générales après celle-ci : ils ont prêché jusqu'à présent nos principes & ceux de tous les vrais démocrates. Nous croyons qu'ils continueront & que vous reconnoîtrez toujours dans leur doctrine notre doctrine. L'appuyer & l'applaudir, voilà presque où peut se réduire votre rôle ostensible ; & pour cela, vous n'avez point à sortir du cercle des démonstrations qui ne peuvent faire voir en vous que de simples acteurs, de simples auditeurs & assistans, comme tous les autres. La partie des notes & rapports ne devant se faire qu'à huis clos, laisse encore votre mission ignorée. Cette dernière partie de votre mission ne nous engagera dans aucune observation de détail ; sa marche d'exécution est assez précisée par l'article III du règlement d'organisation, & par ce que nous avons dit plus haut dans cette instruction.

En vous disant que les journaux populaires qui vous seront fournis pourront être votre boussole & suppléer principalement aux instructions ultérieures que nous vous donnerons (sauf celles contraires que vous pourriez recevoir de nous), c'est assez vous dire que vous ne devez pas monter le thermomètre de l'énergie au-delà du degré fixé par ces mêmes journaux ; & cette observation rentre dans celle que le Directoire a faite dans son acte de création lorsqu'il a dit : « Que le comble de la mesure des crimes d'une autorité usurpatrice a mûri les dispositions de toutes les ames » en faveur d'une explosion révolutionnaire, au point que, » *pour la rendre fructueuse, pour mettre les régulateurs en mesure d'en assurer le plein succès*, il sera peut-être nécessaire » de tempérer plutôt que d'accélérer l'élan des hommes » libres. »

Or, autant il est essentiel d'entretenir les esprits à une bonne chaleur, autant il seroit inutile & même dangereux de les embraser trop vîte jusqu'à la suprême mesure. Il faut considérer que si l'opinion du peuple est faite, celle du soldat ne l'est pas; il est égaré par les perfides caresses d'un gouvernement qui veut s'en servir pour écraser les citoyens & le soldat lui-même. Il faut le temps pour désabuser nos frères armés. Ce sera donc faire usage de sagesse que de n'échauffer les têtes que dans la juste progression du thermomètre, dont le point variant sera toujours indiqué par le directoire secret.

Voilà, citoyens, à peu près tout ce que nous avons à vous dire en débutant. Votre zèle, vos lumières, votre civisme, suppléeront à tout ce que nous pouvons avoir omis de vous tracer dans le plan d'une mission aussi majeure. La parfaite connoissance qu'avant tout nous avons prise de vos vertus civiques, nous a dispensés de recourir à l'art pour enflammer votre énergie. Une simple exposition de choses dont la justice reconnue est dans vos cœurs comme dans les nôtres, nous a paru suffire pour vous convaincre de l'essentielle nécessité de l'entreprise à laquelle nous vous engageons de concourir. Français! il y va de votre salut & du nôtre. Il y va du salut de la race actuelle & de la postérité, du salut de notre République & de l'univers. Que notre courage soit le signal du réveil du véritable peuple! Qu'électrisé par nous, il sorte enfin d'un sommeil mortel, & qu'il fonde à jamais le règne du bonheur, le règne de l'égalité & de la liberté! Tout est prêt....... L'édifice législatif qui garantira l'abondance pour tous, l'égalité, la liberté de tous, n'attend, pour sortir grand & majestueux, que le renversement du monument de l'esclavage, d'oppression & de mort, dont il doit prendre la place. Préparons cette heureuse catastrophe. Il sera enfin durable & éternel, le code que nous établirons ......, parce qu'il assurera le bonheur de tous. Il ne sera point fait pour élever aucun homme, mais pour avantager à-la-fois tous les hommes auxquels on le destine. Il est temps que tous les ambitieux disparoissent, que l'orgueil humain soit confondu. Il est temps de résoudre enfin, dans la pratique, ce beau problême : *que chacun de nous ne dépende que des institutions & des lois, & qu'aucun de nous ne tienne personne sous sa dépendance.*

N°. X.

Dix-neuvième pièce de la dixième liasse.

5 floréal.

Un magasin considérable de fusils existe dans la salle du Conseil des Cinq-Cents, & environ 18 à 20 pièces de canon dans le jardin entre la salle & le bâtiment des Feuillans.

Il y a un fort magasin de farines dans le bâtiment de l'Assomption.

Il y a un magasin de vins, rue Thomas du Louvre, à côté de la maison *garnie de Genève.*

Une réunion de braves militaires s'est formée depuis quelques jours à la *montage* (ou montagne) du désert, près Versailles : il y a beaucoup d'officiers ; ils ont déja à leur disposition l'artillerie légère & le grand parc d'artillerie ; ils n'agissent que d'après l'impulsion de *l'Eclaireur*, que je leur fais passer. J'en ai reçu des nouvelles avant-hier, à dix heures du soir, & j'ai appris avec plaisir qu'ils ont fait & font tous les jours beaucoup de prosélytes.

Les patriotes directoriaux sont très-mécontens depuis quelques jours, parce que, dit-on, on a réformé des leurs dans quelques municipalités & comités de bienfaisance nouvellement composés de patriotes, notamment les officiers municipaux de la section des Gravilliers, &

le comité de bienfaisance de celle des Piques; j'en connois d'autres qui par dépit ont donné hier leur démission.

No. XI.

Première instruction du directoire secret, adressée à chacun des agens militaires principaux.

CITOYEN,

Il n'en est pas des temps de crise, &c. (1) (Copier littéralement jusqu'à ces mots : « Tout nous a annoncé ce qu'il » seroit capable de faire s'il appercevoit à sa tête des conduc» teurs dignes de toute sa confiance. »)

Animés par de telles dispositions, nous avons été immédiatement conduits à jetter nos regards sur des hommes capables de nous seconder dans la plus glorieuse carrière. C'est vous, Citoyens, qui, soit par une suite de conduite & par des actes multipliés d'un civisme pur pendant tout le cours de la révolution, soit par des épreuves terribles dans les jours de persécution de tout ce qui fut patriote & vertueux; c'est vous sur qui ceux qui se sont constitués les premiers vengeurs de la patrie trahie, ont porté leurs vues pour transmettre leur première confiance, & vous déléguer les premières & principales divisions des opérations.

La portion du dépôt que le Directoire secret de salut public vous communique est précieuse & importante. Sa garde exige beaucoup de discrétion, de prudence, d'activité & d'amour pour le bien de tous : elle exige toutes les vertus d'hommes tels que le Directoire vous a cru être.

---

(1) Ces renvois & autres semblables qui sont dans cette pièce, se réfèrent aux instructions données aux agens civils, n°. IX.

Le Directoire secret a pesé son organisation fondamentale, & celle de ses rapports avec vous, dans la balance de la sagesse & de la circonspection. Il a cru devoir créer des agens principaux auprès des différens corps armés, placés dans l'intérieur & à la circonférence de la commune de Paris, & il a tellement combiné leurs moyens de communication avec lui, que la correspondance sera presque directe, sans cependant que chacun de ces agens puisse connoître les membres du Directoire.

La raison de cette précaution, &c. (Tout le paragraphe exactement, jusqu'à la fin rendue par ces mots: *Le déconcert & la terrification des plus courageux citoyens.*)

Ce sont là, républicains, &c. (Copier encore le paragraphe jusqu'aux mots, *Egalement inébranlables de douze hommes*, au lieu desquels il faut mettre, *Egalement inébranlables de plusieurs hommes.* Copier ensuite exactement jusqu'à la fin du paragraphe: *Vous l'appercevriez dans tous ses actes.*

En même temps que nous nous sommes armés, &c. (Tout le paragraphe, sans aucun changement.)

Le Directoire secret a poussé la prudence, &c. (Tout le paragraphe exact, excepté qu'à deux endroits où il y a *les douze agens*, il faut mettre *les agens*, & continuer jusqu'à la fin, aux mots: *Compromettre le sort de la liberté.*)

Les mêmes précautions. (Tout le paragraphe.)

Ainsi les agens principaux. (Tout le paragraphe.)

En général, le Directoire. (Tout le paragraphe.)

Quant aux précautions. (Tout le paragraphe.)

Après vous avoir parlé. (Tout le paragraphe.)

Les articles III, IV & V de l'organisation que nous vous avons destinée, & qui précèdent cette instruction, vous l'indiquent.

» Former & diriger l'esprit public des soldats en général, & en particulier des corps & bataillons qui vous sont assignés.

» Stimuler & alimenter cet esprit public militaire, d'abord en facilitant la propagation des journaux & autres écrits populaires ; ensuite en donnant lieu à d'habituels entretiens, & à de fréquentes discussions sur les droits du peuple, sur sa situation présente & sur la situation de l'armée.

» Tenir des notes du thermomètre journalier de l'opinion, rendre compte dans ces notes des dispositions plus ou moins bonnes, plus ou moins énergiques, de la masse des soldats. Signaler les individus que vous remarquerez les plus capables d'aider la marche du mouvement qu'il convient d'amener, indiquer le genre d'emploi ou la tâche révolutionnaire auxquels vous croiriez propre chacun de ces individus. Désigner les intrigans, les esclaves, les tyranneaux subalternes, & rendre compte des entraves & des oppositions mises par eux au développement de l'énergie, à l'inspiration des bons principes & des idées régénératrices ».

Les articles VI, VII & VIII de la même organisation, déterminent les moyens par lesquels vous pourrez transmettre au Directoire secret ces notes, renseignemens ou rapports qu'il attend de vous.

» Vous les remettrez aux agens intermédiaires, qui iront les recevoir directement de vos mains, de même qu'ils vous remettront les instructions ultérieures que le Directoire secret se trouvera obligé de vous faire passer ».

Telle est, citoyen, dans ce premier moment, la détermination de votre tâche. Nous ne pouvons plus avoir à vous présenter que quelques idées de détail que vous modifierez même au gré de votre prudence.

En vous invitant à stimuler, alimenter & diriger l'esprit public militaire par des lectures & par des discussions sur les droits du peuple, sur sa situation actuelle & sur la situation de l'armée, vous sentirez qu'il est convenable pour l'intérêt de la chose, & pour votre intérêt à vous-même, que cela se fasse sans trop d'affectation. Il est possible que vous soyez le meneur d'une grande quantité de braves, & que bientôt leur esprit devienne le vôtre, sans qu'eux-mêmes ils s'apperçoivent d'où cet esprit leur vient : il seroit bien plus dangereux que leurs chefs, & tous ceux qui ont un intérêt contraire aux principes que nous voulons leur inculquer, s'apperçussent de quelque partie du rôle que vous remplirez auprès d'eux. Vous devrez donc vous observer soigneusement vous-même, & avoir la plus grande attention à ne point vous déceler par aucun aveu ni confidence envers qui que ce soit; ce n'est point dans cette occasion-ci qu'il est permis de donner une pleine satisfaction à l'amour propre. Sacrifions la gloriole de paroître, à l'avantage d'être & de faire réellement. Rien ne garantit de grands & de véritables succès, rien ne peut donner une meilleure satisfaction intérieure, comme de se rendre compte à soi-même qu'on est l'instrument invisible par qui se meuvent de grands ressorts : nous rendons alors à notre génie & à notre discrétion un hommage mérité, bien supérieur à celui que s'attribueroit la jactance empressée de quiconque voudroit passer pour principal auteur dans une scène politique : il sera assez temps de cueillir les applaudissemens de nos frères quand nous les aurons sauvés : or donc, il nous paroît très-praticable que les agens principaux stimulent, alimentent & guident l'énergie du soldat, sans presque en avoir l'air; car, puisqu'il ne s'agit que de fixer son attention sur la violation de tous les droits du peuple, & sur l'état cruel & déplorable où est maintenant réduit le citoyen & le soldat, les entretiens habituels, les discussions fréquentes que nous disions que vous fassiez naître sur ce sujet important, peuvent s'engager par le seul moyen des journaux & autres écrits populaires, & il ne vous sera pas difficile de transmettre ces écrits, soit directement, soit indirectement, d'une manière sans conséquence, peu marquée, & telle que vous puissiez n'être partout que comme simple observateur.

La dissémination des écrits étant donc le principal moyen sur lequel nous comptons, pour engager les discussions sérieuses dans l'habitude desquelles nous voulons entretenir le soldat, nous vous recommandons ce moyen. Le choix de ces mêmes écrits ne vous sera pas difficile, & vous distinguerez aisément ceux frappés au bon coin. Au surplus, ce sera le Directoire de Salut public qui vous en fera passer, pour distribuer en suffisante quantité : outre des écrits, *tous autres moyens d'agir & de faire agir vous seront encore fournis quand il en sera besoin.* Ceux des journaux dont nous vous avons parlé, vous serviront en grande partie de boussole & d'instructions générales après celle-ci. Ils ont prêché jusqu'à présent nos principes & ceux de tous les vrais démocrates; nous croyons qu'ils continueront, & que vous reconnoîtrez toujours dans leur doctrine notre doctrine : l'appuyer ou l'applaudir, voilà presque où peut se réduire votre rôle ostensible; & pour cela vous n'avez point à sortir du cercle des démonstrations qui ne peuvent faire voir en vous que de simples acteurs, de simples auditeurs & assistans comme tous les autres. La partie des notes & rapports ne devant se faire qu'à huis clos, laisse encore votre mission ignorée. Cette dernière partie de votre mission ne nous engagera pas dans aucune observation de détail; sa marche d'exécution est assez précisée par l'article V du règlement d'organisation, & par ce que nous avons dit plus haut dans cette instruction.

En vous disant que les journaux populaires, &c. (Tout le paragraphe jusqu'à la fin, à ces mots : *L'élan des hommes libres.*)

Or, autant il est nécessaire d'entretenir les esprits à une bonne chaleur, autant il seroit inutile & même dangereux de les embraser trop vite jusqu'à la suprême mesure. Nous sommes certains que l'opinion du peuple est faite, nous ne doutons pas davantage que celle de plusieurs bataillons soit faite de même; mais nous savons aussi qu'il est différens corps armés que l'influence de l'astuce & de la perfidie a maintenus jusqu'ici dans l'erreur. Il est donc essentiel, pour la plus grande sûreté du triomphe, que tous, citoyens & soldats, soient à-la-fois en même mesure. Donc il ne faut pas déterminer les uns vers le terme d'énergie qui doit immédiatement précéder le moment d'éclat, lorſque les autres reſteroient à un éloignement conſidérable de cette diſpoſition. Ainſi il faut nous laiſſer le temps de détromper au moins la majorité de nos camarades, de les prémunir contre les inſidieuſes careſſes d'un gouvernement qui veut s'en ſervir pour les opprimer les premiers & le peuple avec eux. Ainſi ce ſera faire uſage de ſageſſe que de n'échauffer les têtes des plus avancés dans l'inſtruction, que dans la progreſſion exacte du thermomètre dont le point variant ſera toujours indiqué par le Directoire ſecret.

Nous ne vous avons point encore offert le levier que nous regardons comme le plus puiſſant pour élever l'âme & le courage du ſoldat. Nous allons vous le donner : les hommes, c'eſt une vérité reconnue il y a long-temps, ne ſe meuvent fortement que pour leurs intérêts ; l'intérêt général ſe compoſe de tous les intérêts particuliers. Ce ſont donc ces derniers intérêts qu'il faut ſatisfaire pour pouvoir opérer le véritable bien commun ; & puiſque ces mêmes intérêts ſont le mobile le plus puiſſant pour faire agir tous les hommes, il réſulte que lorſqu'on met en œuvre ce grand moyen, on fait en même temps la choſe la plus juſte & la plus capable de garantir la certitude du ſuccès. Parlons donc à l'intérêt du plus grand nombre, c'eſt-à-dire, ſoyons vertueux & équitables, & emparons-nous du moyen le plus ſûr pour réuſſir.

C'eſt pour l'intérêt du plus grand nombre qu'a été entrepriſe la révolution ; c'eſt parce qu'avant elle le plus grand nombre ſe trouvoit dans la poſition de mal-aiſe ſocial, & qu'il voulut en changer pour ſe mettre mieux. L'intérêt du plus grand nombre fit adorer la révolution auſſi long-temps qu'on eut l'eſpoir que s'opéreroit en effet ce changement en mieux ; l'intérêt du plus grand nombre fit déteſter la révolution, depuis qu'on a vu ſes derniers réſultats n'offrir qu'un changement de mal en pire. C'eſt l'intérêt du plus grand nombre qui nous porte à commencer une autre révolution que nous voulons qui ſoit la dernière, & dont l'objet eſt de changer le pis en bien parfait. Prouvons au plus grand nombre la possibilité de ce dernier changement. Faisons plus, donnons-lui-en la certitude, & nous verrons que son intérêt le déterminera à l'assurer par l'ascendant énergique & irrésistible de sa volonté & de sa force.

Il est deux rapports principaux sous lesquels on peut & on doit parler à l'intérêt & à l'ame des hommes qui ont défendu la patrie : leur intérêt applicable à leur sort présent, leur intérêt applicable à leur sort à venir.

N'est-ce point avec vérité que vous peindrez aux yeux du soldat sa situation présente, un tableau où il sera représenté malheureux comme le peuple, nud comme lui, affamé comme lui, avili comme lui? Je vois un infortuné revenant de la frontière. Dans quel état est-il? son seul aspect me feroit deviner que ceux qui gouvernent sont les meilleurs amis des despotes qu'il a combattus. Je le vois extraordinairement puni d'avoir fait mordre la poussière à leurs satellites. En effet, il est décharné, il a le teint have, il tombe de défaillance. Je l'interroge; il me dit que l'état déplorable où je l'apperçois n'est point surprenant, d'après les causes qu'il m'explique : j'apprends que sa paie est plus vile que celle de la plus abjecte soldatesque allemande. Avec trente sous en assignats, & deux sous par jour en numéraire, il est impossible qu'il ne meure pas de faim. En total il est plus maltraité que ce houlan, cet esclave germanique, ce sombre abruti & dégradé, presque dépouillé du titre d'homme, & lequel fait partie des légions que François d'Autriche soudoie *à peu près*, & dont le chétif aspect m'inspiroit tant de pitié au commencement de la révolution. Le soldat de mon pays non seulement meurt de faim aujourd'hui, mais il est sans souliers, sans habits; il lui est impossible de faire blanchir sa chemise, parce que cela coûte trente francs; & où les prendroit-il? Mais il n'en est pas quitte pour être privé de vêtemens & de nourriture; il faut qu'il soit encore chagriné, vexé, écrasé sous un amas de tortures qu'on décore du nom de *discipline militaire*, & c'est au fond une tyrannie beaucoup perfectionnée de ce qu'elle étoit sous les nobles ministres de Louis XVI. Le soldat y est beaucoup plus automate, beaucoup plus assujetti aux caprices des subalternes. Il n'y est plus qu'une machine servilement mouvante qui ne doit connoître que le commandement. Le raisonnement, la parole, & même la pensée, lui sont interdits. Encore ce ne sont pas ceux qui l'ont accompagné dans les périls de la guerre qui exercent sur lui un tyrannique empire; ce ne sont point les plus braves qui sont revêtus des grades; ce ne sont point ceux qui se sont le mieux distingués contre tous les ennemis de la liberté qui sont récompensés par des honneurs: au contraire, ceux qui commandent maintenant sont pour la plupart des lâches, des intrigans, & même des contre-révolutionnaires: le vrai mérite militaire est voué à l'oubli & à l'opprobre. Ainsi le défenseur de la patrie est accablé sous toutes les calamités à-la-fois. Il n'est pas vêtu, il n'est pas nourri, il est sous la verge cruelle de chefs méprisables qui n'ont point combattu pour la République, qui la détestent, & avec elle ceux qui ont versé leur sang pour son triomphe. Si quelques exceptions sont faites au dénuement & aux privations de la masse des soldats, c'est dans une vue qui est le comble de la perfidie et de l'avilissement. On en amorce quelques-uns pour mieux consolider l'esclavage de tous. Ces distributions de *vin*, *d'eau-de-vie*, que l'on fait à des bataillons dont le service est plus rapproché de la garde de la ville *extra*-révolutionnaire (Paris) dont on redoute toujours les élans d'énergie pour la liberté: ce traitement beaucoup plus avantageux, splendide même, dont on gratifie les compagnies d'élite préposées immédiatement à la garde du gouvernement: tout cela est le miel présenté au bout du baton qui doit fustiger le peuple. Si les malheureux qui reçoivent ces largesses, abandonnent à ceux dont ils les tiennent, l'obéissance aveugle dont ils exigent bien qu'elles soient le prix, on peut les regarder comme les vendeurs de la patrie & de la liberté.

Tel est à peu-près le tableau trop véritable de la situation présente du soldat, que vous pouvez chercher à lui mettre ſouvent devant les yeux. Vous devez rapprocher de ce premier tableau celui très-aiſé à preſſentir de ſa ſituation future. Il ne ſera pas, il s'en faut, plus riant.

Repréſentez-leur ce qui les attend en rentrant dans leurs foyers. Qu'y trouveront-ils ? la miſère profonde, plus profonde mille fois que celle qui a accablé leurs malheureux pères. La révolution leur avoit promis un retour trop juſte, trop légitime de leurs glorieux exploits pour aſſurer ſon ſuccès ; la révolution leur avoit promis des propriétés nationales, ſuffiſantes pour fournir à la ſubſiſtance de chacun d'eux. Avec ce bienfait digne de leurs travaux, ils devoient couler, dans une honorable retraite, un reſte de vie tranquille & heureuſe, former de nouvelles familles innombrables, élever une autre génération dans l'amour d'une patrie où ils auroient pu ſe flatter d'avoir eux-mêmes établi le bonheur, & redire mille fois avec une nouvelle joie, un nouvel attendriſſement, à leurs enfans émerveillés, par quel concours & quelle ſuite d'actes de courage ils étoient parvenus à ſecouer le joug des oppreſſeurs & des riches, & à fonder leur indépendance. Au lieu de cela, que feront-ils ? Ces propriétés qui leur avoient été promiſes & garanties ſolemnellement par une foule de décrets, que ſont-elles devenues ? Elles avoient été portées à la conſiſtance de la valeur d'un *milliard effectif*, c'eſt-à-dire, à 300 *milliards d'aujourd'hui en aſſignats*. Où ſont les domaines de la république équivalens à cette ſomme ? On les a rendus aux traîtres ſur leſquels ils avoient été équitablement confiſqués. Le défenſeur de la patrie, en rentrant dans ſa chaumière, ne devoit plus la trouver dominée par le donjon de l'inſolent gentillâtre qui, avec tout le ſol en ſa poſſeſſion, faiſoit travailler ſon père en eſclave, le traitoit comme tel à tous égards, ne le nourriſſoit pas à moitié, ne permettoit pas qu'il fût vêtu. Le défenſeur de la patrie devoit trouver ſur les vaſtes poſſeſſions accaparées par cet ogre inſatiable, ſa part ſuffiſante pour y recueillir ſa ſubſiſtance. Point du tout ; il trouvera ce monſtre dévorateur plus furieux, plus impitoyable que jamais

jamais. Celui-ci verra dans le malheureux vieux soldat celui qui l'a combattu lorsqu'il étoit émigré, qui a vivement desiré sa perte entière, & qui est encore fâché qu'elle n'eût pas été effectuée. L'homme seigneurial le fera longuement repentir d'un tel crime. L'ancien défenseur de la liberté passera ses vieux jours dans un dur esclavage & sous une affreuse misère. Plus froissé que ses pères, plus avili qu'eux, outragé par les infames expressions de *gueux*, *canaille*, *populace*, il faudra, comme l'a trop bien dit & prévu l'auteur d'un véritable journal du peuple, « ramper sous l'in- » solente domination des riches, être leurs forçats, travailler » pour un vil salaire, depuis la première jusqu'à la dernière » heure ; n'avoir que ses sueurs pour humecter le demi- » morceau de pain noir desséché aux ardeurs du soleil..... » encore heureux ceux qui pourront ainsi prolonger leur » existence ; le reste........ ira mendier. On verra les » éclopés, les jambes de bois, ceux qui auront la mâchoire » ou les bras fracassés, &c. couvrir les rues & les chemins, se » traîner péniblement vers la porte de ceux qui regorgent, » présenter leur humiliante requête à cent d'entre eux ; essuyer » quatre-vingt-dix-neuf refus avec des outrages, & recevoir » à la centième porte une obole, la millième partie de ce » qu'on vendra la portion du pain nécessaire pour déjeûner. »

Tel est encore l'apperçu trop sensible & trop positif de la situation à venir de nos défenseurs, que vous devez faire tous vos efforts pour les aider à l'appercevoir eux-mêmes.

Dites-leur ensuite qu'il ne tient encore qu'à eux de détourner cette effroyable perspective ; qu'il ne s'agit pour cela que d'aider le peuple & ses amis à reconquérir les droits de tous. A ceux à qui vous pourrez parler avec confiance, & que vous jugerez dans le cas de pouvoir précédemment propager ce que nous allons vous dire, *vous pouvez même les assurer que dès le jour même où ils auront aidé le peuple à ressaisir sa puissance*, *RIEN NE LEUR MANQUERA PLUS : ILS SERONT COMBLÉS DE TOUTES LES CHOSES NÉCESSAIRES AUX HOMMES*. Dites-leur de plus que, *dès le len-*

demain, L'ABONDANCE, LE SORT LE PLUS HEUREUX SERA ASSURÉ POUR TOUTE LA VIE A TOUS LES SOLDATS. Ce ne seront plus des promesses éloignées & faciles à éluder que nous donnerons; ce sera la réalité simultanée & immédiate.

Pour les mieux amener aux seules dispositions qui conviennent au peuple & à eux, faites les réfléchir à ce qu'ils sont & à ce qu'on veut faire d'eux; au motif pour lequel on les a attirés sous les murs de Paris; à l'indigne usage que l'on paroît vouloir faire de leurs baïonnettes & de leurs bras, & au glorieux rôle contraire qu'ils peuvent remplir pour leur propre bonheur & pour celui de leurs concitoyens. Présentez-leur ces réflexions à-peu-près dans le sens qu'elles leur ont été offertes par le journaliste populaire que nous avons déja cité, & dont nous emprunterons encore ici les expressions.

« Que font de nombreuses phalanges réunies autour de » la cité par excellence, de la ville de la révolution, » du berceau de la liberté? . . . . Pourquoi y sont-elles » appelées? . . . . Ses habitans sont-ils rebelles? s'agit- » il de les subjuguer? . . . . Il n'est pas indifférent d'é- » claircir toutes ces questions.

» Ce n'est pas pour le véritable peuple que les soldats » de la liberté forment autour des murs de Paris une » enceinte formidable: ce véritable peuple, le peuple labo- » rieux, le peuple ouvrier . . . y est maltraité, muselé, » méprisé, affamé, ruiné! . . par le peuple d'agioteurs » & de frippons . . Cette dernière espèce de peuple y est » donc bien en rebellion la plus ouverte & la plus cri- » minelle contre le bon peuple. Mais est-ce pour subju- » guer la partie oppressive & pour défendre la partie » opprimée, que nos guerriers offrent un triple rang de » baïonnettes, dans toute la circonférence de Paris? Non, » c'est tout le contraire . . . . . . ; on veut faire servir » leurs armes & leurs forces à accabler totalement l'op- » primé sous le joug de l'oppresseur, à maintenir celui-ci

» dans son odieuse domination & le peuple dans sa chétive
» langueur ! Eh ! si c'étoit le peuple qu'on voulût défendre,
» il ne faudroit pas distraire ceux de ses frères dont la
» destination est de combattre ses ennemis extérieurs ; le
» peuple se suffiroit de reste à lui-même : mais c'est quand
» on veut immoler la masse à une portion, qu'on a besoin
» de secours étrangers . . . . ; c'est alors qu'on croit
» les trouver dans les hommes que l'on dit devoir être
» *essentiellement* obéissans . . . . . ; c'est quand le gou-
» vernement & la caste perverse qu'il protège exclusivement,
» ont perdu toute honte ; c'est lorsque, sans pudeur & sans
» voile, & par la plus infâme complicité, ils ont, avec
» des réglemens atroces qu'ils osent appeler *lois*, consacré
» les injustices en tout genre, la misère la plus épouvan-
» table, l'esclavage le plus révoltant ; c'est quand la mesure
» de leurs forfaits est portée à un tel comble & à une telle
» évidence, que la longue patience du peuple est lassée,
» & que sa crédulité également n'y tient plus ! . . . . .
» C'est alors qu'on jette les yeux sur l'armée ! ce sont
» les bras des punisseurs des rois que l'on arme pour
» vouloir conserver, pour vouloir perpétuer une telle op-
» pression ! c'est le *gouvernement militaire* qu'on établit
» pour forcer le peuple à se soumettre à un régime où l'on
» prétend qu'il vive . . . . sans nourriture, sans habits,
» sans liberté . . . . , & ce sont les pères . . . . , les
» époux . . . . , les fils . . . . , les frères . . . . ,
» les parens . . . . . , que l'on veut qui en imposent,
» qui frappent même, si le cas y échoit, leurs enfans,
» leurs femmes, leurs pères, leurs frères, leurs amis,
» leurs parens ! ! ! & ce sont les soldats du peuple, qui sont
» eux mêmes peuple, que l'on oppose ainsi à une autre portion
» du peuple ; c'est par eux que l'on veut consolider cet
» état de servage, d'avilissement & de famine . . . . .
» mille fois pire que l'ancienne servitude contre laquelle
» on s'est insurgé avec tant de raison il y a six ans
» Non, les soldats français ne seront point les vils satel-

» lites, les inſtrumens cruels & aveugles des ennemis du
» peuple & par conſéquent des leurs . . . . ; ce n'eſt
» que dans les occaſions où l'autorité s'eſt rendue coupable
» & où elle a voulu ſe le rendre encore, qu'elle s'eſt en-
» tourée de baïonnettes . . . Quand le pouvoir eſt juſte,
» il eſt toujours aſſez fort de la force du peuple. Capet
» s'étoit fortifié d'une armée avant le 14 juillet; on ſait
» quels étoient ſes deſſeins, & de quelle ſomme de crimes
» il vouloit s'aſſurer l'impunité . . . Seroit-on coupable
» pour examiner ſi ceux qui l'imitent ne le font point parce
» qu'il y a exacte parité de motifs ?

» Nos ſoldats ſe ſouviendront que cette armée de
» Capet, quoiqu'élevée à l'école de la diſcipline monar-
» chique, s'eſt parfaitement bien conduite; elle s'eſt reſ-
» ſouvenue qu'elle étoit du peuple; les gardes françaiſes,
» baiſſant leurs faiſceaux devant les ſans-culottes, c'eſt
» là un exemple qui paſſera à l'admiration de tous les
» ſiècles . . . . . .

» Non, non, il ne ſera point dit que les défenſeurs de la
» République auront été moins grands, moins magnani-
» mes Il ne ſera point dit qu'ils auront tenu cet affreux
» langage! Gouvernans! uſurpateurs de tous les droits du
» peuple! ſoyez paiſibles, ne craignez rien; mépriſez le cri
» unanime qu'élèvent contre vous & ce peuple indigné & ſes
» hardis tribuns: fermez l'oreille à toutes les plaintes: fou-
» lez aux pieds ſes réclamations importunes contre votre
» oppreſſion, qu'après tout il eſt fait pour ſupporter. Tyrans!
» nous ſommes vos ſoldats: nous ſoutiendrons votre deſpo-
» tiſme & tous vos brigandages: nous écraſerons, s'il le
» faut, nous foudroierons nos pères & nos frères!! nous
» éventrerons nos ſœurs & nos mères!! nous exterminerons
» nos fils . . . . pour maintenir votre do-
» mination inſupportable & ſans exemple!!! Nous devons
» vous aider à conſolider l'eſclavage de la patrie! nos pro-
» pres fers doivent être rivés par nos mains. . . .

» Non, non encore, il ne ſera point dit que les défen-

» ſeurs de la République auront conſenti à n'être que des
» machines mobiles, des pantins vivans, des marionnettes
» inſenſibles, qui obéiront aveuglément à toute impulſion
» de leurs conducteurs. Il ne ſera point dit qu'ils ne feront
» plus d'uſage de leur jugement, ou que, captés par de
» fauſſes & de vaines careſſes, par d'aviliſſantes diſtribu-
» tions de *liqueurs*, ils auront aidé un gouvernement uſur-
» pateur & oppreſſif à bronzer à jamais l'eſclavage de 24
» millions de leurs compatriotes «.

Et vous, citoyen, à qui nous adreſſons ces premières inſtructions, après vous avoir inſinué la manière à-peu-près dont nous croyons que vous devez catéchiſer nos frères armés, nous n'ajouterons rien pour vous pénétrer, vous, de l'eſprit de nos principes & de l'extrême importance de la tâche que nous nous impoſons. Nous ne dirons également rien de plus pour vous indiquer les moyens de nous y ſeconder. Votre zèle, vos lumières, votre civiſme, ſuppléeront, &c. (Reprendre & finir la même péroraiſon que dans l'inſtruction pour les agens municipaux.)

N°. XII.

Quinzième pièce de la deuxième liasse.

9 floréal.

Le peuple sans-culotte de Paris, à la Légion de police.

Généreux frères,

Votre signal est entendu, votre démarche est approuvée, votre ferme résolution nous charme. Le moment est-il venu de briser des sceptres nouveaux? La liberté a-t-elle fixé aux jours où nous sommes le terme de la commune oppression? Le peuple est prêt.

Non, vous ne nous quitterez pas. Non, vous n'irez pas vous faire immoler sous le fer des esclaves des rois étrangers, complices des nôtres. Voilà ce qu'on vous réserve. Nos tyrans ont fait un affreux pacte avec ceux que nous combattons depuis six ans : ils sont convenus de leur livrer en holocauste tous les fidèles défenseurs de la patrie. Vous méritez, nos frères, d'être sacrifiés les premiers : vous avez pris les intérêts du peuple ; vous vous êtes récriés avec lui contre tous les attentats de ses oppresseurs ; vous avez manifesté que vous ne voudriez point faire partie de ses bourreaux, à la vue des préparatifs assassins qu'on dispose : Paris bloqué, Paris menacé d'être mis en sang & en feu, parce qu'il se plaint d'être, avec toute la République, affamé, dépouillé, avili ; Paris enfin sous le joug d'une poignée d'usurpateurs barbares, est devenu pour vous un objet de compassion & de vif intérêt. Précieux camarades, il dépend de vous de nous sauver & de vous couvrir de gloire. Vous pouvez prendre l'initiative entre les libérateurs du peuple. Vous la prendrez : vos amis, vos frères, vos épouses, vos parens, réclament qu'en ne vous rendant pas à l'égorgerie qu'on vous a destinée, vous ne les abandonniez point à une autre égorgerie dans ces murs. Vous avez déja fait entendre la vérité à vos frères séquestrés dans le camp; votre exemple achevera de les convaincre. Ils apprendront, *malgré* toutes les consignes & les défenses de communication avec les autres mortels, que, dans la lutte du peuple contre ceux qui le gouvernent, c'est le peuple qui a raison. Ils sauront que ce n'est pas lui qu'il faut immoler. Faisons un appel à ces braves, ils vont aussi venir à nous. Quant au peuple, lui-même il le répète; il est prêt. Ses conducteurs vont lui donner le signal. Il les entend, il est à côté de vous. Ses tyrans se dispersent, la liberté reparoît; l'abondance, le bonheur ressuscitent; la République triomphe de toutes parts, & les mesures sont bien prises pour qu'elle ne succombe plus.

Nota. Cet écrit est livré à l'impression, & il sera distribué dans Paris demain matin.

N°. XIII.

Dix-septième pièce de la deuxième liasse.

9 floréal.

Ce matin, les légionnaires de police, casernés à la Courtille, ont refusé net d'obéir à l'ordre du départ. Les uns prétextoient le manque de certains objets de nécessité; les autres, que leur poste étant, d'après les lois de leur création, la commune de Paris, ils ne le quitteroient pas: les plus énergiques disoient qu'étant les amis du peuple, on vouloit les en séparer; mais qu'ils ne vouloient pas, eux, s'en détacher. Bientôt sont arrivés ceux qui devoient les remplacer.

Les casernés de la Courtille se sont mis sur la défensive. Une espèce d'officier général s'est avancé vers eux, les a harangués. Répétition des mêmes motifs de refus & de résistance. Cependant les deux corps se sont mêlés, ont fraternisé, & les nouveaux ont paru applaudir aux sentimens des autres. Ceux-ci se sont retirés. On prétend que de suite les refusans ont mandé des leurs dans toutes les casernes, pour instruire leurs camarades de leur conduite & les inviter à se joindre à eux pour présenter un corps plus formidable d'opposition.

On assure que les députations ont été fraternellement accueillies.

Un citoyen à qui j'ai de la confiance, m'a dit être certain que quelques hommes se disant les envoyés de portions essentielles du peuple, notamment du fauxbourg Antoine, se sont présentés à la caserne de la Courtille, pour protester aux légionnaires de l'attachement du peuple, & les assurer qu'il les soutiendroit. Ces hommes étoient bien vêtus, & point du tout dans le genre ouvrier.

Des patriotes paroissent inquiets, & craignent qu'il n'y ait par là-dessous quelque piége ; d'autres se plaignent que ce qu'ils nomment *les meneurs* ne profitent pas de cette occasion que leur pétulance révolutionnaire leur représente comme extraordinairement précipitée ; d'autres enfin, & aux yeux de ces derniers ils passent pour modérés, soutiennent qu'il faut y regarder deux fois, veiller, être prêt, & s'en rapporter au zèle, à l'intelligence de ceux qui se sont proclamés les chefs, les éclaireurs du peuple.

A onze heures du matin.

CH. G (1).

---

(1) Lettres initiales de la signature *Charles Germain.*

Dix-huitième pièce de la deuxième liasse.

9 floréal à midi précis.

La caserne de la Courtille est toujours émeutée, une garde considérable en défend l'entrée. Une grande voiture toute attelée, chargée de fusils, est retenue, malgré les instances des conducteurs qui veulent gagner, d'après l'ordre de route, le prochain logement. Les militaires sont répandus dans les cafés & cabarets voisins de leur caserne, & fraternisent avec ceux que l'on envoyoit en remplacement. Des hommes du peuple bâillent dans les environs; quelques braves se mêlent à la troupe, & offrent des domiciles à quelques-uns des légionnaires. Ceux-ci paroissent décidés à déployer ce soir drapeaux & enseignes & gagner en bon ordre *Vincennes*, pour s'y confondre avec les bataillons y campés. Cette résolution est-elle bonne ou mauvaise? c'est ce que discutent quelques bavards: quant à moi, je pense que, si elle peut s'effectuer sans résistance, ce ne sera pas pour nous un léger succès. Je vous préviens que je suis seul, tous vos agens étant dans leurs arrondissemens respectifs à étudier le peuple & calmer les hommes que cet inspéré mouvement inquiète. Que faut-il que je fasse?

Je sais que Fion ne néglige rien; je l'ai vu ce matin, il travaille de son côté: peut-être, en le tenant bien fort en haleine, ne pensera-t-il pas à cette diable de proposition, à laquelle il m'a paru tenir encore, d'admettre parmi vous les trois ex-conventionnels.

Je n'ai à-peu-près pas le sou. Salut, Ch. G.

A une heure, tout est dans le même état. On voit galoper force ordonnances sur le boulevard, & des chapeaux galonnés qui couvrent des figures bien pâles, bien avalées: il n'y a pas de grouppes de ce côté. Des coquins, lâchés ſans doute par des perfides, gliſſoient par-ci par-là qu'on auroit bien tort de ſoutenir ces légionnaires qui avoient ſi ſcélératement foudroyé les citoyens au 13 vendémiaire.

Mais ils ne ſont pas fortune.

Vîte, mes amis, ordonnez, & de la vie à la mort, il n'y a pour moi qu'un ſaut joyeux de carmagnole, ſi c'eſt pour ſervir les égaux. Salut. CH. G.

Au verſo de la deuxième feuille eſt écrit à l'encre : A Gracchus Babœuf. Preſſé. *Et au crayon :* Faites moi parvenir une réponſe de ſuite, ou le plus tôt, chez Guilhem. (*Le reſte eſt effacé.*)

No. XIV.

Seizième pièce de la deuxième liaſſe.

9 floréal, à midi & demi.

Le D. de S. P., à Ch. G.

Nous ſommes réunis au nombre de trois, nous recevons ta lettre. Nous t'envoyons un manifeſte au nom de la légion, qui ſera imprimé demain ſoir. Communique toujours cette minute aux légionnaires meneurs. Nous allons faire de ſuite une déclaration au nom du peuple, qui ſera une réponſe au manifeſte. Il eſt important de faire connoître à la légion que le peuple eſt prêt à la défendre : voilà 6 mille francs. Nous penſons que la légion ne doit pas ſortir de Paris. tâche de l'arrêter juſqu'à demain; nous allons, dans le reſte de la journée & dans la nuit, nous mettre en meſure. Vois Fyon & Roſſignol (1), & dis-nous,

(1) Ces noms ſont rayés, moins la première lettre de chacun; mais ils ſe liſent aiſément dans l'original, de la main de Babœuf.

avant ce soir, s'ils sont prêts : dans le cas contraire, nous prendrions d'autres dispositions.

P. S. Il est important que la voiture chargée de fusils ne parte pas ; tu peux montrer cette lettre aux meneurs dont tu es sûr.

N°. X V.

Quatorzième pièce de la deuxième liasse

Paris, à huit heures du soir, 9 floréal.

Mes amis, tout est à peu près bâclé ; une force imposante gorgée de vin, faisant insolemment parade des paquets de cartouches qu'on lui avoit très-ostensiblement distribués, escortant l'infame sequelle équestre des chefs serfs, a paru devant les casernes insurgées ; on n'a eu garde de résister. O comble de l'opprobre ! comme nous étions joués ! Quelle prudence à nous d'avoir voulu observer avant de nous lancer ! On a demandé aux rebelles (ils ne méritent pas d'autre nom) ce qu'il vouloient : Retourner dans nos foyers, se sont-ils écriés ; & soudain on leur a communiqué l'ordre de leur licenciement. Comblés de joie, les lâches se sont débandés : en vain quelques braves se sont, par un dernier effort, avancés pour leur inculquer que c'étoit le moment de se montrer ; qu'une opiniâtre résistance rangeroit de leur côté & le peuple déja tout disposé, & jusqu'à leurs camarades composant la force hostile ; ils n'ont rien voulu écouter, absolument rien, &, le sac sur le dos, chacun s'achemine vers ce qu'il appelle ses foyers.

Les groupes voisins de la scène où s'est passée cette infamie sont, pour ainsi dire, atterrés & frappés de stupeur. On se dit : *Ça alloit si bien, & voilà que cela nous pète dans la main !*

Croyez-moi, mes amis, préparez, préparez, attérez, mettez-vous en mesure; mais ne tentez rien *subitò* : ivres de ce premier prétendu succès, les esclaves à plumets & à uniforme (j'ai lieu de le croire) ne serviroient pas le parti populaire; on peut au contraire leur faire sentir avant peu leur tort, & les mettre en état de le réparer. Aujourd'hui rien ne les toucheroit.

D'ailleurs croyez, & j'en ai de très-avérées notions, que le gouvernement est dans le plus grand éveil. Cet incendie à un des coins de Paris, cette espèce de sédition militaire à une autre extrémité, les grouppes plus nombreux aujourd'hui, plus populaires que jamais, tout provoque une extraordinaire surveillance.

Tout ce qui me fait supporter plus patiemment l'échec, si c'en est un que nous venons d'essuyer; & c'en est un en effet, puisque nous sommes déçus de notre attente, c'est que tout a été fait, de la part des patriotes, si soigneusement, que pas un, j'estime, ne doit y être compromis. Ce ne sera donc pas à eux qu'on pourra attribuer de conjurer dans ce foutu jour, qu'ils auront, les insensés, les belîtres, la gasconnerie de peindre comme une des belles époques de leur carrière triomphale. Salut.

CH. G.

N°. XVI.

Cinquante-neuvième & soixantième pièces de la septième liasse.

ÉGALITÉ. LIBERTÉ.

BONHEUR COMMUN.

Paris, 10 flor., l'. 4 de la R.

LE D. DE S. P.

Aux agens des douze arrondissemens.

CITOYENS,

Le thermomètre est changé; l'ordre du jour n'est plus le même qu'hier: notre manœuvre doit varier en conséquence.

Notre lettre pressante d'hier avoit été dictée par l'apperçu des mouvemens qui s'étoient manifestés le matin dans les deux bataillons de police. Connoissant les dispositions du peuple, connoissant les fermens d'insurrection qui existent dans le plus grand nombre de corps des différens camps sous Paris, nous avions pensé que nous pourrions profiter du soulèvement apparent des deux légions pour former un noyau armé qui alloit se grossir, & qu'aussitôt nous pourrions faire éclater cumulativement la levée du peuple. Nous avons tout fait pour entretenir hier la fermentation durant toute la journée. Nous avons envoyé aux meneurs des casernes la copie manuscrite de deux écrits, dont l'un étoit une déclaration insurrectionnelle de la part de la légion, & l'autre une réponse au nom du peuple, annonçant que le peuple ne tarderoit pas à se mettre en mesure de soutenir ses défenseurs. Nous dûmes cependant nous assurer de ne point exposer le peuple inconsidérément ; en conséquence, nous voulûmes observer avant de nous lancer. Nous arrêtâmes le plan d'entretenir par nos émissaires la fermentation durant toute la journée du 9. Nous avions espéré que cette fermentation détermineroit vers le soir une résistance plus prononcée ; d'où il pourroit résulter (d'après même quelques annonces de cela) la jonction aux compagnies insurgées de la force hostile envoyée pour la réduire. Si cela se fût opéré, le peuple eût été convoqué ce matin, & nous fussions à présent morts ou victorieux : il n'en arriva pas ainsi. Le soulèvement n'étoit guère qu'une affaire d'indiscipline ; & ces soldats sur lesquels nous avions fondé des espérances étoient bien plutôt unis par leurs petits intérêts personnels que par l'amour de la patrie ; aussitôt qu'on leur parla de les renvoyer chez eux, ils chantèrent, & se laissèrent lâchement désarmer, & conduire à l'Ecole militaire, où ils sont maintenant parqués. Voilà ces hommes qui avoient acquis un commencement de gloire, & qui avoient inquiété la tyrannie par leurs dispositions manifestes à ne vouloir pas la servir.

Maintenant que faut-il faire ? Nous croyons qu'il faut laisser rasseoir les sens émus du despotisme épouvanté ; il s'entoure de précautions effrayantes ; il prodigue le vin & les caresses à ceux qu'il institue ses janissaires : mais l'effet de ces moyens ne sera ni puissant ni durable ; les harangues de nos missionnaires démocratiques pénètrent & circulent dans tous les camps ; elles y sont accueillies, goûtées, dévorées. Nous opérons par-tout la séduction : encore quelques jours, & ceux qui remplacent les légions de police & toute l'armée sous Paris vaudront au moins ces légions ; nous frapperons alors à coups bien plus sûrs.

Nous devons au moins nous réjouir que nous & les nôtres se soient conduits dans cette concurrence avec une telle circonspection, qu'au lieu de nous soupçonner, le despotisme attribue *l'insubordination* d'hier aux muscadins de la première réquisition.

Activez nos communs travaux ; fournissez-nous tous les renseignemens qui vous restent à nous donner ; ils sont utiles pour garantir le plein succès de notre sublime entreprise. Forcés par les évènemens, nous nous en fussions passés hier ; mais peut être ce qui nous manque des indications que nous attendons de vous, nous eût-il gênés & arrêtés dans bien des points. Nous ne laisserons pas échapper, soyez en sûrs, la première occasion de briser les chaînes du peuple ; mais ni vous, ni nous, ne voulons pas que cette occasion soit équivoque, & risquer qu'elle serve à immoler sans fruit nos concitoyens & à river nos chaînes à jamais. Nous voulons aller à une victoire à-peu-près certaine, & nous coordonnons toutes nos mesures pour cela.

Ne faites pas faire les guidons demandés par la circulaire d'hier, nous allons les préparer nous mêmes uniformément, & nous les distribuerons aussitôt dans tous les arrondissemens. Ceux qui ont pu acheter des matières premières pour des guidons, peuvent les remettre à l'agent intermédiaire pour nous les rapporter ; on leur remboursera leurs déboursés.

No. XVII.

Soixante-troisième pièce de la septième liasse.

EGALITÉ. LIBERTÉ.

BONHEUR COMMUN.

Paris, 19 floréal, an 4 de la République.

LE DIRECTOIRE DE SALUT PUBLIC,

Aux agens des douze arrondissemens.

Vous le savez déja sans doute, citoyens : hier au soir nos frères les volontaires & les légionnaires de police ont reconnu le piége infame qu'on leur tendoit aux uns & aux autres ; ils ont reconnu que la querelle des collets blancs & des collets rouges, qui les faisoit s'entre-tuer, étoit le résultat d'une tactique du perfide gouvernement : cette querelle s'est terminée par une fraternisation entre les deux partis réunis au Palais royal au nombre d'environ 1,800, joints à un autre nombre de patriotes conciliateurs. Dans le même temps, d'autres frères de la légion alloient demander au Directoire la liberté de leurs camarades détenus : le Directoire la leur promit, &, par une atrocité indigne, qui ne ressemble pourtant qu'à tous ses autres actes, au lieu de leur tenir parole, il ordonna dans la nuit que les deux bataillons fussent consignés pour recevoir au premier moment l'ordre du départ. Ils y résistent encore : nous leur avons dépêché quelques patriotes pour leur souffler de soutenir cette résistance, sous la promesse d'un prompt appui plus imposant : il faut leur tenir parole, & profiter enfin de cette occasion. Le moment est venu de préparer le dénouement ; envoyez d'abord le plus grand nombre possible de patriotes de chacun de vos arrondissemens aux deux casernes de la rue Mouffetard, fauxbourg Antoine, & de la rue Verte, fauxbourg Honoré. Donnez-leur le mot de fraterniser avec les légions, d'entretenir toute la journée l'esprit d'effervescence, d'entraîner les collets rouges dans leurs mouvemens, de fixer quelques points de réunion, tels que celui d'hier au Palais royal, où l'on agiteroit la question d'aller chercher les légionnaires pour prendre part à une nouvelle fraternisation. Si ce mouvement préparatoire a lieu, on enverra une somme considérable au lieu du rendez-vous, & l'on fera boire les acteurs : on se disposeroit ensuite pour éclater demain de bonne heure ; préparez les guidons ; préparez tout, & tenez-vous prêts.

N°. XVIII.

No. XVIII.

Huitième pièce de la vingt-unième liasse.

ÉGALITÉ. LIBERTÉ.

BONHEUR COMMUN.

Paris, 8 floréal l'an 4 de la République.

Le Directoire de salut public aux agens des douze arrondissemens.

AMIS,

Hâtons-nous, les circonstances nous poussent & nous entraînent; le moment d'affranchir notre pays n'est peut-être pas aussi loin que nous-mêmes l'aurions pensé. Accélérez le travail des renseignemens majeurs que nous vous avons demandés; vîte sur-tout la liste des canonniers de votre arrondissement, celle de tous les démocrates qui peuvent remplir les premiers postes militaires & de l'administration provisoire & insurrectionnelle, la note des poudres, des munitions, des armes, des dépôts de vivres, &c. &c.; il n'y a plus un moment à perdre.

No. X I X.

Dixième pièce de la sixième liasse.

Circulaire.

Paris, l'an 4e. de la République.

Le Directoire aux agens.

Toutes les mesures sont prises; la mesure des crimes des tyrans est comblée : *il faut insurger.*

Voici les ordres & instructions auxquels nous vous prescrivons de vous conformer exactement.

1°. Demain matin, à heures, vous ferez sonner le tocsin dans toutes les sections de vos arrondissemens, & retentir dans les rues le plus grand nombre de trompettes que vous pourrez vous procurer. Le général en chef vous en enverra après le commencement de l'insurrection, s'il peut s'emparer de l'endroit où elles sont déposées. Il seroit bon que les pelotons, ou tout au moins les arrondissemens, fussent précédés dans leur marche par des trompettes.

2°. Au même moment vous ferez afficher & répandre avec profusion les manifestes que nous vous envoyons : lever la masse du peuple par le moyen de vos agens que vous aurez prévenus.

3°. Vous ferez répandre au même instant le bruit que les Conseils & le Directoire veulent sortir de Paris, faire marcher sur cette ville une armée, & rendre un roi à la France.

4°. Le Directoire a nommé les citoyens ci-après pour généraux du peuple pendant l'insurrection; savoir,

Général en chef

Général divisionnaire

Pour le f. Antoine.

(*Ici sont quatre* H *placées perpendiculairement.*)

Vous les ferez reconnoître d'abord par les subalternes que nous avons choisis, & ensuite par le peuple entier, & vous veillerez à ce que leurs ordres soient exactement suivis.

5°. Vous trouverez ci-joint la liste des citoyens de vos arrondissemens respectifs, que, d'après les renseignemens transmis par vous, nous avons cru les plus propres à conduire le peuple à la conquête de ses droits. On divisera le peuple par pelotons ; chacun d'eux en commandera un : le citoyen désigné comme chef commandera l'arrondissement ; les sous-chefs commanderont les sections.

6°. Vous préviendrez immédiatement les chefs d'arrondissement, auxquels vous ferez connoître les noms des généraux auxquels ils devront obéir, & vous leur enjoindrez en même temps de prévenir les sous-chefs à se tenir prêts, sans leur rien dire davantage : le même avis sera donné aux commandans de pelotons dont vous êtes très-sûrs ; les autres ne seront prévenus qu'au moment. Vous êtes libres de ne pas employer les commandans de pelotons sur lesquels vous pourriez avoir conçu des doutes.

7°. Vous remettrez aux chefs, sous-chefs & commandans de pelotons, les guidons indiqués dans le manifeste.

8°. Vous leur donnerez ordre de s'emparer immédiatement, & à quelque prix que ce soit, des armes & munitions qui se trouvent chez les adjudans & aux chefs-lieux des sections.

9°. Vous ferez réunir en corps tous les canonniers qui se présenteront pour être prêts à exécuter les ordres des généraux.

10°. Vous choisirez des patriotes énergiques auxquels vous confierez le soin de haranguer & électriser le peuple.

Vous tirerez en même temps parti de l'éloquence pathétique & persuasive des femmes, que vous dirigerez, comme nous vous l'avons déja dit dans nos précédentes instructions, vers les soldats, auxquels elles présenteront des couronnes civiques, en les exhortant, par toutes les considérations puissantes qu'elles peuvent employer, à se confondre dans les rangs du peuple.

11°. Dès le commencement de l'effervescence, vous l'encouragerez en faisant répandre le bruit que déja les camps de Grenelle & de Vincennes se sont rangés au parti du peuple.

Lorsque les soldats fraterniseront avec le peuple, il est nécessaire qu'ils se mêlent dans les rangs des sans-culottes, & qu'ils ne marchent ni en corps ni sous la direction de leurs officiers.

12°. L'ordre sera par vous donné aux chefs & commandans d'entraîner ou dissiper par la force tous les individus qui voudroient se rallier aux ordres du gouvernement, & sous le commandement des officiers de la garde nationale. On arrêtera toute ordonnance ou messager porteurs d'ordres de quelque autorité actuelle que ce soit.

13°. Vous aurez soin de suivre & rallier la masse de votre arrondissement : vous donnerez l'exemple du dévouement & du courage, & vous nous rendrez compte par des exprès tous les quarts-d'heure de l'état des choses.

14°. Si les généraux ordonnent à la masse de votre arrondissement de se séparer, vous suivrez la partie la plus considérable, & confierez la surveillance de l'autre à un citoyen zélé dont vous nous donnerez immédiatement le nom, & auquel vous donnerez l'ordre de nous rendre également compte tous les quarts-d'heure.

15°. Vous communiquerez toutes vos instructions au sans-culotte qui mérite le plus votre confiance, pour qu'il vous remplace dans le cas qu'il vous arrive quelque accident.

N°. X X.

Vingtième pièce de la vingt-unième liasse.

LE COMITÉ INSURRECTEUR DE SALUT PUBLIC,

Au Peuple.

ACTE D'INSURRECTION (1).

ÉGALITÉ. LIBERTÉ.

BONHEUR COMMUN.

Des démocrates français, considérant que l'oppression & la misère du peuple sont à leur comble; que cet état de tyrannie & de malheur est du fait du gouvernement actuel;

Considérant que les nombreux forfaits des gouvernans ont excité contre eux les plaintes journalières & toujours inutiles des gouvernés;

Considérant que la constitution du peuple jurée en 1793 fut remise par lui sous la garde de toutes les vertus;

Qu'en conséquence, lorsque le peuple entier a perdu tous ses moyens de garantie contre le despotisme, c'est aux vertus les plus courageuses, les plus intrépides, à prendre l'initiative de l'insurrection, & à diriger l'affranchissement de la masse;

Considérant que les droits de l'homme reconnus à la même époque 93 tracent au peuple entier, ou à chacune de ses portions, comme le plus sacré & le plus indispensable des devoirs, celui de s'insurger contre le gouvernement qui viole ses droits; & qu'ils prescrivent à chaque homme de mettre à l'instant à mort ceux qui usurpent la souveraineté;

Considérant qu'une faction conspiratrice a usurpé la souveraineté, en substituant sa volonté particulière à la volonté

(1) Les milliers d'exemplaires compris aux sacs & caisses mentionnés au procès-verbal de levée de scellés chez Babœuf existent au procès.

générale librement & légalement exprimée dans les assemblées primaires de 1793; en imposant au peuple français, sous les auspices des persécutions & de l'assassinat de tous les amis de la liberté, un code exécrable, appelé constitution de 95, à la place du pacte démocratique de 1793 qui avoit été accepté avec tant d'enthousiasme;

Considérant que la Convention nationale n'a jamais été dissoute; qu'elle ne fut que dispersée par la violence & la volonté tyrannique d'une faction contre-révolutionnaire; qu'elle existe toujours de droit; qu'elle n'auroit pu être remplacée que par un corps législatif librement élu par le peuple, & conséquemment à sa constitution démocratique;

Considérant que le code tyrannique de 95 viole le plus précieux des droits, en ce qu'il établit des distinctions entre les citoyens, leur interdit la faculté de sanctionner les lois, de changer la constitution & de s'assembler, limite leur liberté dans le choix des agens publics, & ne leur laisse aucune garantie contre l'usurpation des gouvernans, &c.;

Considérant que les auteurs de cet affreux code se sont maintenus en état de rebellion permanente contre le peuple, lorsqu'ils se sont arrogé, au mépris de sa volonté suprême, l'autorité que la nation seule pouvoit leur confier; qu'ils se sont créés, soit eux-mêmes, soit à l'aide d'une poignée de factieux & d'ennemis du peuple, les uns rois sous un nom déguisé, les autres législateurs indépendans;

Considérant que ces oppresseurs, après avoir tout fait pour démoraliser le peuple; après avoir outragé, avili & fait disparoître les attributs & les institutions de la liberté & de la démocratie; après avoir fait égorger les meilleurs amis de la République, rappelé & protégé ses plus atroces ennemis, pillé & epuisé le trésor public, pompé toutes les ressources nationales, totalement discrédité la monnoie républicaine, effectué la plus infame banqueroute, livré à l'avidité des riches jusqu'aux derniers lambeaux du malheureux, qui, depuis près de deux ans, meurt, chaque jour, affamé; non contens de tant de crimes, viennent, par un raffinement de tyrannie, de ravir au peuple jusqu'au droit de se plaindre;

Considérant qu'ils ont ourdi & favorisé des complots pour entretenir la guerre civile dans les départemens de l'Ouëst, en trompant la nation par une pacification plâtrée, dont les articles secrets stipuloient des conditions contraires à la volonté, à la dignité, à la sûreté & aux intérêts du peuple français;

Considérant que tout récemment encore, ils ont appelé à eux une foule d'étrangers, & que tous les principaux conspirateurs de l'Europe sont en ce moment à Paris pour consommer le dernier acte de contre-révolution;

Considérant qu'ils viennent de licencier & de traiter indignement ceux des bataillons qui ont eu la vertu de se refuser à les seconder dans leurs atroces desseins contre le peuple; qu'ils ont osé mettre en jugement ceux des braves soldats qui ont déployé le plus d'énergie contre l'oppression, & qu'ils joignirent à cette infamie celle de qualifier d'inspiration royaliste leur généreuse résistance à la volonté des tyrans;

Considérant qu'il seroit difficile & trop long de suivre & de retracer complétement la marche populicide de ce gouvernement criminel, dont chaque pensée, chaque acte, est un délit national; que les preuves de tous ces forfaits sont tracées en caractères de sang par toute la République; que de tous les départemens, les cris qui appellent sa répression, sont unanimes; qu'il appartient à la portion des citoyens la plus voisine des oppresseurs d'attaquer l'oppression; que cette portion est comptable du dépôt de la liberté envers l'État entier, & qu'un trop long silence la rendroit complice de la tyrannie;

Considérant enfin que tous les défenseurs de la liberté sont prêts:

Après s'être constitués en comité insurrecteur de salut public, prennent sur leurs têtes la responsabilité & l'initiative de l'insurrection, & arrêtent ce qui suit:

ARTICLE PREMIER.

Le peuple est en insurrection contre la tyrannie.

I I.

Le but de l'insurrection est le rétablissement de la constitution de 1793, de la liberté, de l'égalité & du bonheur de tous.

I I I.

Aujourd'hui, dès l'heure même, les citoyens & les citoyennes partiront de tous les points, en désordre & sans attendre le mouvement des quartiers voisins qu'ils feront marcher avec eux. Ils se rallieront, au son du tocsin & des trompettes, sous la conduite des patriotes auxquels le comité insurrecteur aura confié des guidons portant l'inscription suivante :

Constitution de 1793.

ÉGALITÉ. LIBERTÉ.

BONHEUR COMMUN.

D'autres guidons porteront ces mots :

« Quand le gouvernement viole les droits du peuple, » l'insurrection est pour le peuple, & pour chaque portion » du peuple, le plus sacré & le plus indispensable des » devoirs.

» Ceux qui usurpent la souveraineté doivent être mis à mort par les hommes libres. »

Les généraux du peuple seront distingués par des rubans tricolors flottant très-visiblement autour de leurs chapeaux.

I V.

Tous les citoyens se rendront avec leurs armes, ou, à défaut d'armes, avec tous autres instrumens offensifs, sous la seule direction des patriotes ci-dessus, au chef-lieu de leurs arrondissemens respectifs.

V.

Les armes de toute eſpèce ſeront enlevées par les inſurgés par-tout où elles ſe trouvent.

V I.

Les barrières & le cours de la rivière ſeront ſoigneuſement gardés ; nul ne pourra ſortir de Paris ſans un ordre formel & ſpécial du comité inſurrecteur ; il n'entrera que les couriers, les porteurs & conducteurs de comeſtibles, auxquels il ſera donné protection & ſûreté.

V I I.

Le peuple s'emparera de la tréſorerie nationale, de la monnoie, de la poſte aux lettres, des maiſons des miniſtres, & de tout magaſin public ou privé contenant des vivres ou des munitions de guerre.

V I I I.

Le comité inſurrecteur de ſalut public donne aux légions ſacrées des camps environnant Paris, qui ont juré de mourir pour l'égalité, l'ordre de ſoutenir par-tout les efforts du peuple.

I X.

Les patriotes des départemens réfugiés à Paris, & les braves officiers deſtitués, ſont appelés à ſe diſtinguer dans cette lutte ſacrée.

X.

La Convention ſe réunira à l'inſtant, & elle reprendra ſes fonctions.

X I.

Les deux Conſeils & le Directoire uſurpateurs de l'autorité populaire ſeront diſſous. Tous les membres qui les compoſent ſeront immédiatement jugés par le peuple.

X I I.

Tout pouvoir cessant devant celui du peuple, nul prétendu député, membre de l'autorité usurpatrice, directeur, administrateur, juge, officier, sous-officier de garde nationale, ou quelque fonctionnaire public que ce soit, ne peuvent exercer aucun acte d'autorité, ni donner aucun ordre; ceux qui y contreviendront seront à l'instant mis à mort.

Tout membre du prétendu Corps législatif, ou Directeur, trouvé dans les rues, sera arrêté & conduit sur-le-champ à son poste ordinaire.

Les membres de la Convention seront reconnus à un signe particulier: ce sera celui d'une enveloppe en couleur rouge autour de la forme du chapeau.

X I I I.

Toute opposition sera vaincue sur-le-champ par la force. Les opposans seront exterminés.

Seront également mis à mort

Ceux qui battront ou feront battre la générale;

Les étrangers, de quelque nation qu'ils soient, qui seront trouvés dans les rues;

Tous les présidens, secrétaires & commandans de la conspiration royale vendémiaire qui oseroient aussi se mettre en évidence.

X I V.

Il est ordonné à tous envoyés des puissances étrangères de rester dans leurs domiciles durant l'insurrection; ils sont sous la sauve-garde du peuple.

X V.

Des vivres de toute espèce seront portés au peuple sur les places publiques.

XVI.

Tous les boulangers seront en réquisition pour faire continuellement du pain, qui sera distribué *gratis* au peuple; ils seront payés sur leur déclaration.

XVII.

Le peuple ne prendra de repos qu'après la destruction du gouvernement tyrannique.

XVIII.

Tous les biens des émigrés, des conspirateurs & de tous les ennemis du peuple, seront distribués sans délai aux défenseurs de la patrie & aux malheureux.

Les malheureux de toute la République seront immédiatement logés & meublés dans les maisons des conspirateurs.

Les effets appartenans au peuple déposés au Mont-de-Piété, seront sur-le-champ gratuitement rendus.

Le peuple français adopte les épouses & les enfans des braves qui auront succombé dans cette sainte entreprise; il les nourrira & entretiendra; il en sera de même à l'égard de leurs pères & mères, frères & sœurs, à l'existence desquels ils étoient nécessaires.

Les patriotes proscrits & errans dans toute la République recevront tous les secours & moyens convenables pour rentrer dans le sein de leurs familles. Ils seront indemnisés des pertes qu'ils auront souffertes.

La guerre contre la tyrannie intérieure étant celle qui s'oppose le plus à la paix générale, ceux des braves défenseurs de la liberté qui prouveront avoir concouru à la terminer, seront libres de retourner avec armes & bagages dans leurs foyers; ils y jouiront, en outre, immédiatement des récompenses depuis si long-temps promises.

Ceux d'entre eux qui voudront continuer de servir la

République, seront aussi sur-le-champ récompensés d'une manière digne de la générosité d'une grande nation libre.

XIX.

Les propriétés publiques & particulières sont mises sous la sauve-garde du peuple.

XX.

Attendu le vuide dans le sein de la représentation, qui résultera de l'extraction des usurpateurs de l'autorité nationale, & à raison de l'impossibilité actuelle de faire, par la voie des assemblées primaires, des choix dignes de la confiance du peuple, la Convention s'adjoindra sur-le-champ un membre par département, pris parmi les démocrates les plus prononcés, & sur-tout parmi ceux qui auront le plus activement concouru au renversement de la tyrannie. La liste en sera présentée par des délégués de la portion du peuple qui aura pris l'initiative de l'insurrection.

XXI.

Le comité insurrecteur de salut public restera en permanence jusqu'à l'accomplissement total de l'insurrection.

Signé à la minute. . . .

N°. X X I.

Quatre-vingt-douzième pièce de la septième liasse.

EGALITÉ. LIBERTÉ.

BONHEUR COMMUN.

Paris, 26 germinal, l'an IV de la République.

LE DIRECTOIRE SECRET DE SALUT PUBLIC,

Aux principaux agens révolutionnaires des arrondissemens municipaux.

CITOYENS,

Prémunissez-vous & prémunissez les patriotes contre deux piéges qui nous sont tendus, & lesquels sont également à craindre.

On circonvient le peuple en deux sens également contraires à l'établissement de la franche démocratie qui est le but de nos vœux, & nous allons vous mettre à portée de déjouer cette double machination en vous la dévoilant.

D'un côté, ce sont les émissaires des Tallien, des Legendre & Barras, qui obsèdent les patriotes pour les induire à croire que ces trois réagisseurs, que ces hommes qui ont toujours trahi le peuple, sont maintenant prêts à le servir & à se mettre à sa tête pour l'aider à reconquérir les droits dont ils ont été les plus actifs destructeurs. Les vues de ces misérables sont faciles à pénétrer. Ils apperçoivent la force croissante de l'opinion éclairée, qui menace de sa force terrible tous les oppresseurs. Ils veulent, pour sauver leurs têtes, s'emparer du mouvement qu'ils distinguent bien devoir être prochain & inévitable. Ils veulent uniquement le faire tourner à l'affermissement de leur domination. Placés, comme ils le sont, entre deux feux, entre la coalition des royalistes & des démocrates, ils sentent leur extrême foiblesse, même leur impuissance de résister long temps. Ils calculent qu'ils se fortifieroient beaucoup en renversant la faction des royalistes, parce qu'ils n'auroient plus que notre parti à combattre. Voilà pourquoi ils voudroient d'abord se servir de nous pour les anéantir : ils s'efforcent de détourner l'attention du peuple sur les seuls royalistes. Ils voudroient nous faire oublier, pour cet unique objet, la conquête de nos droits & l'anéantissement de nos autres oppresseurs. Ils nous congédieroient de même qu'en vendémiaire après la défaite de ce parti : ils feroient consister en cela le salut de la patrie, & ce ne seroit que leur salut à eux ; ce ne seroit que la mesure partielle qui ne leur laisseroit plus que nous à exterminer, & ils ne balanceroient pas long-temps pour le faire. C'est eux-mêmes qui ont l'astuce de faire semer hautement qu'après nous être servis d'eux dans le mouvement, nous pourrions les anéantir. Cette ruse grossière aveugle les esprits bornés & par conséquent la multitude ; mais les perfides qui l'exposent savent bien à quoi s'en tenir à cet égard. Ils savent qu'à raison des postes qu'ils occupent déja, qu'à raison de l'influence & des moyens de toute espèce que cette situation leur donne, qu'à raison encore de leurs talens & de leur habitude dans l'art des insurrections, ils ne seroient point mis à la seconde place dans celle-ci ; ils en prendroient l'initiative, comme ils ont eu celle de toutes les autres ; ils en auroient la direction exclusive ; tout autre directoire s'effaceroit, seroit neutralisé devant le leur ; & ils savent encore que l'on n'assassine pas aisément les premiers conducteurs d'opérations de ce genre. Ils savent de plus que le peuple s'engoue fort vîte pour ceux qui ont seulement l'apparence de faire quelque chose pour lui, & qu'alors il oublie tout ce qu'il avoit à leur reprocher de plus loin. C'est-là, citoyens, tout ce qu'il faut tâcher de faire entendre au peuple, pour le détromper de la prétendue assistance que les insidieux courtiers de nos traîtres en chef lui disent qu'il auroit à attendre de ces scélérats, dont nous déjouerons par là le nouveau complot : c'est dans les grouppes qu'il faut vous attacher à faire répandre ces explications. Faites comprendre au peuple qu'il ne fera jamais rien de grand, qu'il ne fera jamais de révolution pour lui, pour son véritable bonheur, que quand il ne mêlera point dans son mouvement de gouvernant quelconque : il faut qu'il ne se méfie pas tant de ses propres moyens, & qu'il se persuade que lui, peuple, & les hommes du peuple, suffisent pour pouvoir exécuter une grande entreprise. Ainsi, dans celle que nous préparons, ayons soin d'écarter tout ce qui n'est pas du peuple : tout ce que nous venons de vous dire peut & doit être transmis au peuple. Cette première des deux machinations annoncées par cette lettre est la plus redoutable, & ne peut pas être déconcertée par vous seuls. Il faut adjoindre tout le peuple avec vous pour le faire : c'est pourquoi le n°. 42 du *Tribun du peuple*, qui paroît en même temps que cette circulaire, & qui roule uniquement sur cet objet important ; seulement avec des dévelopemens plus étendus & qui peut-être vous convaincront encore mieux ; ce n°. 42 du *Tribun*, avons-nous dit, peut être considéré comme une instruction faite à cet égard à tout le peuple. Le soin que nous vous recommandons est de l'appuyer & d'en répandre généralement l'esprit : c'est *dépopulariser* ces hommes dangereux, qu'il faut absolument faire.

Le second écueil contre lequel vous devez vous garantir n'est pas précisément si dangereux. Il est question d'atténuer les efforts d'un comité d'insurrection qui veut naître à côté du nôtre, mais qui n'est pas en mesure, qui est sans moyens sous tous les rapports, & que nous ne croyons pas qui pourroit faire le bien, quoique nous soyons éloignés de supposer à ses auteurs des intentions précisément mauvaises. Ce comité veut se composer des Amar, Vadier, Laignelot, Javogues, Choudieu, Ricord & autres, tous personnages qui ont déja tâté du pouvoir, & qui, les uns par l'usage qu'ils en ont fait, les autres par le peu de caractère qu'ils ont mis à le conserver intact dans leurs mains, nous donnent lieu à de justes méfiances, nous forcent à les séparer de nous tout au moins avec d'autant plus de raison, que nous doutons fort qu'ils ayent pour objet précisément un but aussi accompli que le nôtre, c'est-à-dire, le plus grand triomphe des principes démocratiques & le bonheur de tous. — Cependant ces insurrecteurs particuliers ont déja, dit-on, quelques émissaires qui vont prônant en leur faveur, & qui cherchent à leur former un parti. Dans tous les cas, vous sentez le mal qui ne pourroit manquer de résulter de deux directions rivales, qui, ne marchant pas de concert, s'entraveroient & nuiroient à la chose entière. Il faut encore contre-barrer cela, &, si vous en appercevez quelque chose, détourner l'opinion de cet objet, à l'aide des motifs de défiance que nous vous exposons. Vous pourrez y ajouter toutes les circonstances analogues qui se présentent naturellement. Ces hommes ont bu dans la coupe du pouvoir; ils ne se sont pas montrés tous & toujours rigoureusement démocrates. Il faut des hommes neufs; il faut des hommes purement sans-culottes, de véritables hommes du peuple. Ces hommes encore ont donné tant de fois la preuve de leur foiblesse à se livrer aux plus perfides insinuations, sous le spécieux prétexte du bien public, qu'il est à craindre qu'ils ne soient encore aujourd'hui les jouets ou les instrumens de quelque combinaison atroce du gouvernement.

Mais, comme nous vous l'avons dit, ils ne sont que foiblement à craindre, parce qu'ils n'ont presque pas de moyens d'aucune espèce; ils n'ont ni journaux, ni popularité, ni confiance, & ils ne sont pas en mesure : c'est pourquoi il suffira que la mission de surveillance à leur égard soit particulière & secrète de nous à vous. Vous pourrez suffire à les neutraliser, & nous ne parlerons point d'eux dans nos écrits.

N°. X X I I.

Quatre-vingt-seizième & quatre-vingt-dix-septième pièces de la septième liasse.

30 germinal, an 4.

Ex. D. F.

Ch. G. *à Gracchus-Babœuf.*

Tu as dû savoir par Darthé, ou autres, que j'étois appelé chez Barras. Ce matin, 30 germinal, j'ai eu audience de ce Directeur. Je l'ai laissé venir. Il m'a long-temps parlé vaguement du danger où se trouvoit la patrie, sur-tout depuis les derniers mouvemens qui avoient éclaté, & que lui aussi a l'impudente effronterie d'attribuer au royalisme, dont il m'a cité quelques agens titrés, comme groupeurs en chef & directeurs d'opinion; enfin, las de l'entendre débiter un salmigondis infect d'absurdités & d'incohérences, j'ai paru vouloir connoître la raison qui l'avoit fait me mander. Voici à-peu-près ce qu'il m'a dit; je m'asservis, autant que possible, à ses propres termes :

« Des personnes à qui j'ai lieu de me confier, m'ont dit, » *camarade, que tu étois un brave méridional, ayant bien* » *fait la guerre*, détestant fortement *les royalistes* & la *ty-* » *rannie*, à qui tu dois *ta destitution*; que tu étois *lié* avec » des *patriotes prononcés*, des *démocrates*. Que penses-tu » que peuvent ceux-ci? nous savons qu'ils préparent *un* » *mouvement*. Les bonnes gens! le zèle les *abasourdit*. Ils » vont se faire *prairialiser*; tandis que, pour sauver la patrie, » il ne faut que *vendémiariser*. Comme vous autres, je sais, » *moi*, que l'*ordre actuel des choses* n'est pas le *but* que » s'étoient proposé les hommes qui renversèrent la Bastille, » le trône & Robespierre; comme vous, je sais, moi, qu'il

» faut opérer *un changement*; que ce changement n'est pas » aussi éloigné qu'on pourroit le croire; & lorsqu'on va le » plus *avoir besoin des patriotes* pour l'opérer, *ce changement*, » *ils méditent notre ruine, notre mort*; ils se font, sans y » songer peut-être, les instrumens des émigrés, des roya- » listes, des fanatiques, *qui jamais ne se sont vus plus près* » *de la monarchie* : & tout alloit si bien ! Les *Isnard*, les » *Rovere*, les *Jourdan*, alloient tomber dans leurs propres » filets; les égorgemens qui s'étoient renouvelés à leur voix » sacrilége, à leurs provocations meurtrières, retomboient » sur leurs têtes coupables; ils alloient être frappés. Point » du tout, voilà que des êtres imprudens, instigués par des » *contre-révolutionnaires*, *désorganisent tous nos plans*, *démo-* » *lissent toutes nos batteries*. (Et puis il s'exclamoit : Que » cette inconséquence a été funeste !) C'est *Pitt*, c'est » *Cobourg* qui ont suggéré tout cela. Mais voyons, *que penses-* » *tu de cela, mon camarade* ? »

Je t'avoue franchement que je ne m'attendois pas que, *ex abrupto*, un homme qui ne peut ignorer que je suis son ennemi, me fît une pareille question. Cependant me composant autant que possible, j'ai dit : « Je n'ai aucune con- » noissance des instigations de *Pitt*, de *Cobourg*, d'*Isnard*, ni » *Rovere*, &c. Je sens, comme *toi*, que l'ordre actuel des » choses est cruel, pénible, & j'attribue au même senti- » ment de la part du peuple l'espèce de mouvement dont » tu viens de me parler : il peut s'être glissé dans les group- » pes quelque ennemi du peuple, mais sa doctrine y a été » conspuée; car le cri de tous les grouppes étoit unanime- » ment celui de la plus forte indignation contre ses op- » presseurs, ses ennemis, & je ne sache pas qu'on sert les » tyrans en les faisant exécrer. Et puis vous parlez de mou- » vement ! il n'y en a pas eu même l'ombre, à moins que » vous ne qualifiiez ainsi quelques grouppes qui ne parois- » soient pas animés d'une manière inquiétante. Tu crains » un prairial ». (Il m'a interrompu pour me faire observer qu'en prairial dernier il étoit à Saint-Omer, & que chaque jour il verse des larmes amères sur les désastres de cette époque.) J'ai continué. « Tu crains un prairial, & » tu desires un vendémiaire ! & moi, dans ma privée » opinion, je redoute l'un & l'autre ; & si j'étois auprès » des patriotes, des démocrates, aussi transcendant que tu » l'as préjugé en me mandant, je te confesse que je les » dissuaderois & empêcherois de se livrer à l'un plus » qu'à l'autre. *Prairial* & *vendémiaire* sont également fu- » nestes à la chose publique. L'un a brisé les lois du peu- » ple ; l'autre a établi & assis celles des aristocrates. (Je » le sais, m'a-t-il dit ; & si au 13 vendémiaire je n'eus » crains non-seulement un déchirement affreux, mais de » donner nn *exemple* bien funeste, à la tête des républi- » cains victorieux, j'eus, pendant trois jours seulement, » *travaillé la marchandise* de manière à satisfaire les patrio- » tes. Je ne l'ai pas fait. Que l'occasion s'offre de nouveau, » & l'on verra si je suis indigue de l'animadversion des roya- » listes ».) Là il m'a semblé lancé ; j'ai cru devoir me taire & le laisser vaguer. « Oui, que le mouvement soit général » & dirigé contre les royalistes, continue-t-il, j'ai du cou- » rage, j'ai des moyens, & l'on me jugera. Dernièrement » encore, dès qu'on m'apprit que les murmures éclatoient » dans les grouppes, que des fractions du peuple s'agitoient, » je me transportai au fauxbourg : j'y vis tout calme, pai- » sible ; si je l'eus vu remuer, c'en étoit fait, je marchois » avec lui ; car c'est de lui, c'est par lui que je pense que » se manifeste la volonté nationale (je n'ai pas perdu le mot.) » Point du tout, ce n'étoit que quelques agitateurs ou quel- » ques mal-adroits. Ce n'est point ainsi qu'il faut aller ; ce » n'est pas ainsi qu'on doit espérer d'obtenir un plein succès. » Et puis, vous criez contre nous, *crucifige* ! Et à qui » donc se rallieroit-on ? A la cour de Vérone ? Oui, mes » amis, c'est là qu'on veut nous conduire, tandis que c'est » cela qu'il faut tuer & anéantir. *Vous* devez maintenant, » *mon camarade*, connoître mon esprit, mon sentiment, » mes principes. Plus d'un *patriote* le savent aussi. Mon

» existence est liée à celle du peuple, à celle de la Répu-
» blique. Croyez, ainsi que tous les vrais *patriotes*, que je
» ne négligerai rien pour leur succès; & ce n'est que pour
» les servir, que je résiste au desir qui me presse de dé-
» missionner & de me retirer paisiblement dans une obscu-
» rité qui m'est bien chère. Venez-moi voir de temps en
» temps ». Il m'a donné une carte; & sans mot dire, sinon, *bon jour, citoyen*, je me suis retiré. Il y a dans son discours quelques épisodes assez précieuses, une entr'autres sur la faction d'Orléans, dont il seroit trop loug de t'entretenir par écrit, & que je te communiquerai de vive voix, si c'est possible, ou par écrit, dans un autre moment.

Salut. Ch. G.

(*Au dos est écrit*) : à Grach Bab.

No. XXIII.

Vingtième & vingt-unième pièces de la sixième liasse.

Vous connoissez, citoyens, les efforts de quelques démocrates en faveur du recouvrement des droits du peuple.

Vous savez qu'à travers les proscriptions & les échafauds, nous eûmes assez de courage & d'intrépidité pour plaider la cause sacrée de l'humanité, & que nous avons continué jusqu'à ce jour d'affronter tous les dangers pour former un parti d'opposition contre la tyrannie.

A l'époque de vendémiaire, nous ne sortîmes des cachots où nous avions mérité d'être ensevelis par elle, que pour la réattaquer audacieusement; alors le feu sacré étoit éteint; la masse du peuple étoit royalisée; la colonne des patriotes, abattue, fatiguée, dégénérée dans les cachots, se trouvoit trop heureuse d'en être sortie ; lorsqu'elle ne s'y étoit point abattue, elle étoit disposée à pactiser avec un gouvernement atroce & usurpateur, à le servir même, à accepter ses plans. Si quelques hommes encore dignes de la liberté leur représentoient tout ce que ce traité avoit de déshonorant & de honteux, la plupart s'en excusoient par quelque chose de plus honteux encore : ils disoient avoir leur arrière-pensée, & qu'ils ne fraternisoient avec leurs ennemis que pour surprendre leur confiance, afin de pouvoir, quand ils seroient assez forts, les étouffer.

Nous voulûmes apporter plus de loyauté dans la guerre de la vertu contre le crime. Nous attaquâmes ce dernier de front, nous l'attirâmes, nous fîmes jouer aux républicains un rôle plus digne d'eux, nous les rendîmes à leur primitive dignité, nous déroyalisâmes aussi le peuple ; nous le désabusâmes de la fausse opinion par laquelle les scélérats l'avoient induit à croire que le triste état où ils l'avoient réduit, étoit le résultat du systême républicain ; nous parvînmes à démontrer au peuple qu'au contraire c'étoit le résultat des atroces réminiscences du royalisme, & du dépérissement de l'édifice de la République, qui, s'il pouvoit être achevé, procureroit le *maximum* du bonheur.

Nous eûmes l'avantage d'amener le but où nous tendions par cet endoctrinement, celui de disposer les patriotes & la masse du peuple à renverser le gouvernement tyrannique qui existe, pour en substituer un plus digne de la grande révolution que les Français ont eu le courage d'entreprendre.

Nous avons senti que des journaux révolutionnaires ne suffisoient pas pour nous conduire à notre fin. Nous avons cru devoir, il y a déja plusieurs mois, nous réunir en comité de plusieurs démocrates courageux, nous organiser insurrectionnellement, & organiser autour de nous tout ce qu'il faut pour parvenir à consommer une insurrection.

Nous avons fait beaucoup de choses pour cela ; nous croyons avoir rassemblé la très-grande partie des matériaux,

& préparé presque toutes les dispositions nécessaires pour un tel objet.

Nous avons des renseignemens sur les lieux où sont des munitions & sur les moyens de s'en saisir.

Nous avons des listes des patriotes, des hommes à caractère de tout Paris; nous avons les moyens de faire lever le peuple au premier signal.

Nous avons le dénombrement, le nom, la demeure, la notice des crimes de tous les scélérats qu'il faut abattre.

Nous avons plus, nous avons une organisation d'agens civils & militaires tout disposés à agir. Nous avons tout imprimé le manifeste de notre insurrection.

Elle étoit toute prête à éclater, lorsque des renseignemens qui nous sont parvenus & des observations qui nous ont été faites, nous ont portés à quelques sérieuses réflexions.

Nous devons vous parler très-franchement : nous avions résolu, pour faire cette insurrection, de nous passer de tout ce qui avoit appartenu aux différentes assemblées nationale. Etrangers à toutes factions, ne travaillant que pour le peuple, nous avions cru que nous ne pourrions mieux faire que d'éloigner de son gouvernement tout ce qui pourroit y apporter d'anciennes passions ou d'anciens préjugés dans le cas d'être nuisibles à sa complète régénération.

Vous souffrirez de nous, citoyens, quelques vérités un peu fortes, elles tiennent toujours à notre extrême franchise. Nous reprochions aux montagnards de n'avoir pas fait entièrement leur devoir dans la mission qu'ils avoient reçue du peuple : nous leur reprochions de n'être pas morts pour le soutien de ses droits.

Nous craignions encore qu'en les appelant de nouveau au timon de la législation, l'on ne vît renaître les querelles & les déchiremens, fruits naturels des anciens points de dispute dont les fermens existent toujours dans les têtes de la plupart d'entre eux.

Nous nous persuadions enfin de pouvoir tout faire & mieux faire sans eux.

Nous croyons avoir acquis, dans ces derniers jours, sinon la preuve, du moins la forte présomption du contraire, & nous n'avons pas voulu risquer la perte de la patrie.

Il nous a été fait plusieurs ouvertures par lesquelles on nous a dit que, travaillant de votre côté dans les mêmes vues que nous, vous desiriez que nous réunissions nos efforts.

Nous nous sommes déterminés à accepter cette proposition, d'autant que nous avons craint que vos mesures & les nôtres ne s'entre-choquent & ne se nuisent, &, puisqu'il faut le dire, qu'au moment décisif vous ne veniez vous mettre à travers nos projets, & qu'il n'en arrive que diverses compagnies de défenseurs du peuple ne se trouvent en désaccord & n'ajoutent une guerre entre eux au par-dessus de toutes celles que la République a à soutenir contre toutes ses différentes espèces d'ennemis. Un tel malheur & toutes ses suites nous ont effrayés. Nous avons résolu de les prévenir en nous réunissant à vous. Nous vous avons appelés pour vous transmettre cette décision. Nous desirons qu'elle vous soit agréable, que nous puissions bien nous entendre, bien réunir & combiner nos moyens pour sauver le peuple & l'arracher à la tyrannie : oublions tout pour atteindre ce but heureux.

No. XXIV.

Onzième pièce de la septième liasse.

Paris, 18 floréal, l'an IV de la République.

Le Directoire de salut public, aux Agens des douze arrondissemens.

CITOYENS,

Jamais conjuration ne fut si sainte que la nôtre dans ses motifs & dans son but; jamais non plus il n'en fut une dont les agens se montrèrent aussi dignes de la confiance dont le dépôt sacré leur fut confié. On ne travailla jamais dans le secret contre un gouvernement perfide, aussi long-temps & aussi heureusement que nous l'avons fait. Son inquiète vigilance a eu beau se mettre à la torture & épuiser tous les ressorts de la plus atroce inquisition, il n'a pu encore pénétrer rien de positif.

Ce résultat honore le choix que nous avons fait de vous, & nous donne la plus grande garantie pour une confiance plus grande encore, s'il est possible, que celle que nous vous avons donnée jusqu'à présent. Avec des hommes tels que vous, nous ne devons plus avoir de pensée de réserve. Vous devez lire dans nos cœurs comme nous-mêmes, & nous vous devons la vérité toute entière.

Depuis plusieurs jours, notre correspondance avec vous est de notre côté moins active; le ton en est moins ferme, moins décidé, plus vacillant qu'il ne l'avoit été jusque-là. Une sorte de négligence, de langueur, d'incertitude, a dû vous paroître empreinte sur notre marche. Dans quel moment cependant! dans celui où la vigueur sembloit devoir être redoublée, lorsque les patriotes & la masse du peuple demandoient à grands cris *bataille*, & que les circonstances paroissoient leur offrir beaucoup de chances pour la gagner. Il vous mettra à portée de prononcer si notre conduite peut néanmoins être justifiée: si elle ne peut l'être, il faut que vous les premiers, & ensuite tous les patriotes dont vous dirigez l'esprit, blâmiez à jamais, punissiez même ceux qui se sont chargés de les conduire.

Nous pourrions nous contenter de vous dire qu'en jetant les yeux sur nos moyens d'attaque, nous avions des raisons fondées pour les croire insuffisans, & que c'est ce qui a dû nous faire un devoir bien précis d'arrêter un élan patriotique qui pouvoit devenir le signal de l'extermination des démocrates; d'autant que les leçons terribles de germinal & de prairial doivent être constamment devant les yeux des républicains, & qu'il ne faudroit plus qu'une leçon pareille pour les perdre à toujours.

Nous n'avons pas été arrêtés par cette unique considération. Nous savons qu'en insurrection il faut oser, il faut être, pour ainsi dire, plus que téméraire. Voici en principal ce qui a occasionné de notre part des lenteurs apparentes.

Comme vous le savez, nous voulons tous que cette insurrection soit la dernière, qu'elle fasse enfin le bonheur du peuple. Nous avons dû prendre toutes les précautions capables d'assurer ce résultat : nous avons voulu que le manifeste qui la proclameroit garantît pour premier bienfait, pour simple préliminaire de l'état de félicité que nous nous proposons de procurer au peuple ; nous avons voulu, disons-nous, que ce manifeste garantît d'abord *la distribution aux malheureux des biens de tous les conspirateurs ;* qu'ensuite il fût dit *que les malheureux seroient logés & meublés dans les maisons des conspirateurs*, &c. &c. Pour que ces changemens, & d'autres aussi heureux, puissent être exécutés, il faut s'assurer que le pouvoir, en sortant des mains des scélérats qui le tiennent, passent dans celles des vrais, purs & absolus démocrates, des hommes du peuple, de ses amis par excellence. Comment leur faire passer ce pouvoir ? voilà la difficulté qui nous a arrêtés & qui nous arrête encore : c'est la discussion de ce point délicat qui nous a forcés à laisser perdre plusieurs avantages qui auroient pu nous être précieux, & déterminer le succès du combat que nous avons à livrer.

Gagner la bataille n'est rien, si nous ne nous assurons pas de profiter de la victoire.

Voilà pourquoi nous avions fait imprimer un premier manifeste au nombre de trente mille, où nous avions établi que le Directoire de salut public substitueroit à l'autorité tyrannique qui existe, une assemblée nationale composée d'un membre par département, choisi parmi les démocrates les plus énergiques & les plus éprouvés, dont il présenteroit lui-même la liste, qui seroit approuvée par le peuple. Cette assemblée, de concert avec le Directoire insurrecteur, auroit été chargée de finir la révolution & d'assurer le bonheur de tous.

Une foule de considérations nous a ensuite menés à croire que nous serions plus forts & plus certains du succès en rappelant les députés proscrits de la ci-devant Montagne, qui n'ont point participé à la violation de la Constitution de 1793, & qui n'ont été chassés que par la violence. Nous examinions qu'aux yeux des démocrates ces hommes formoient l'autorité légale que le peuple n'avoit point destituée, & qui par conséquent existoit encore. Nous ne nous dissimulions pourtant pas que cette partie de Conventionnels étoit presque aussi coupable & aussi violatrice que les autres : d'abord, pour avoir depuis le 9 thermidor réagi & laissé réagir; pour avoir laissé démolir pièce à pièce, & sans opposition, l'édifice démocratique; pour n'avoir pas dit le mot le 5 messidor, lorsque l'infame Boissy-d'Anglas parut à la tribune & fit adopter son code populicide; pour avoir eu depuis la lâcheté de ne point protester hautement contre cet exécrable attentat; pour avoir enfin eu l'insigne bassesse d'accepter, pour la plupart, des missions du gouvernement usurpateur & opprimant : mais *des raisons puissantes que nous vous développerons plus tard, ainsi qu'au peuple*, nous ont obligés à fermer un moment les yeux sur ces circonstances, & à faire de grands sacrifices pour tirer avantage d'hommes sans lesquels nous voyons qu'il seroit peut-être impossible d'arracher la patrie à l'insoutenable esclavage qu'elle endure. Nous nous résolûmes donc à nous servir d'eux; mais nous voulions en même temps mettre le peuple à l'abri de ne pas retomber dans leurs mains sous une tyrannie nouvelle. Nous convînmes alors que nous rétablirions les restes moins impurs de la Convention, c'est-à-dire, la partie proscrite, qui est au nombre de soixante-huit environ; que nous leur donnerions pour contre-poids un membre adjoint pour chaque département, & dont le choix, fait par nous & le peuple insurrecteur, leur présenteroit un front d'opposition de plus de cent démocrates des plus énergiques & des plus prononcés; outre que nous conserverions, *jusqu'à ce que le peuple entier soit parfaitement heureux & tranquille*, le titre & le pouvoir de comité insurrecteur de salut public.

Nous nous sommes à cet effet concertés avec les ex-montagnards; ils avoient accepté toutes les conditions & promis de nous aider de tous leurs moyens. En conséquence, un nouveau manifeste fut imprimé au nombre de 50,000, & nous allions nous mettre en mesure de l'exécution.

Le croiriez-vous, citoyens? ces Conventionnels se sont ravisés & sont venus nous dire qu'ils ne vouloient plus donner de garantie aux patriotes contre leur tyrannie prévue; ils sont venus nous dire qu'ils ne consentoient plus à l'adjonction parmi eux d'un démocrate de chaque département, c'est-à-dire qu'ils demandent que l'on détruise une oppression pour en mettre une autre, que l'on renverse celle d'aujourd'hui pour établir la leur.

Ils appuient leur prétention des plus misérables sophismes, & ils comptent à-peu-près pour rien une seule raison que nous croyons excellente: c'est celle que nous ne voulons abattre le règne des coquins que pour asseoir très-solidement celui du peuple.

Voilà, nos amis, bien franchement ce qui nous a arrêtés. Nous en sommes encore là. Ces honnêtes montagnards nous tiennnent en échec; & pour l'intérêt de leur ambition ou de leur morgue, ils ne s'embarrassent pas si, tandis qu'ils en disputent le prix, la patrie est exposée à périr à jamais. Il est malheureux, nous le répétons, que des circonstances que nous ne pouvons pas vous expliquer à présent, nous forcent à ne pouvoir guère nous passer d'eux.

La conclusion de cette lettre est de vous dire que, si nous le pouvons, nous nous en passerons néanmoins, & que, si nous ne le pouvons pas, il faudra diriger le peuple de manière à prévenir le mal qu'ils pourroient encore nous faire, de manière à leur opposer malgré eux le contre-balancement qu'ils rejettent.

Le peuple nous accuse d'inertie. Qu'il est déplorable que nous ne puissions pas, comme à vous, lui dire ce qui nous entrave! Nos écrivains populaires ne le pourroient sans compromettre les choses les plus essentielles. Dans cette position bien fâcheuſe pour nous, détrompez au moins les patriotes, non pas en leur tranſmettant toutes les particularités que nous venons de dépoſer excluſivement dans votre ſein, mais en les aſſurant que leurs meneurs méritent toujours la confiance, & en les exhortant à patienter & à ſoutenir leur énergie, qui, de façon ou d'autre, n'en a plus que pour très-peu de jours à être retenue.

Il faut mourir ou vaincre; il vaut mieux mourir dans une lutte glorieuſe, que d'attendre l'aſſaſſinat par un des mille moyens qu'emploient & qu'emploieront nos tyrans.

Attendez donc toujours très-inceſſamment l'inſtant déciſif. Ne vous alarmez pas plus d'une manière que de l'autre, dans le cas où vous verriez, comme dans celui où vous ne verriez pas des débris de la montagne à côté de nous; mais retenez pour une de vos plus importantes inſtructions, celle d'entourer le comité inſurrecteur d'une grande maſſe de force populaire, au moment où il pourra arriver qu'il ſe rende à la ſéance de la Convention reſſuſcitée, pour lui intimer la volonté du peuple, afin d'aſſurer les heureux effets de l'inſurrection, & ce que le peuple prétendra qui ſoit ſur-le-champ, ce qu'il entendra qui ſoit mis à côté du ſquélette conventionnel, pour garantir l'accompliſſement de la totale régénération qu'il faut opérer.

P. S. Dis-nous ſur-le-champ ſi tu as préparé les guidons: c'eſt un point de détail, mais qui eſt eſſentiel.

N. B. Du 18, à neuf heures du ſoir. Nous apprenons à l'inſtant que les montagnards ſe rendent aux argumens preſſans que nous leur avons fait itérativement valoir. Ils conſentent définitivement à tout ce que nous voulons: ainſi l'on va preſſer extraordinairement les momens. La concluſion de notre lettre, relative à la démarche du peuple en maſſe à la ſuite du comité inſurrecteur; cette concluſion, diſons-nous, tient toujours, & la meſure qu'elle demande vous eſt très particulièrement recommandée.

N°. X X V.

Dix-neuvième pièce de la sixième liasse.

Peuple triomphateur !

Citoyens ! si, pour commander l'*intérêt* des auditeurs, il faut, dans le sujet d'un discours, des choses de la plus haute importance, jamais orateur n'a dû être écouté avec autant d'attention que je vais l'être. Je la réclame encore cette attention, je (*quatre mots rayés*) te la demande & veux t'y préparer d'avance, peuple heureux, par ce jour qui nous éclaire. Je veux chercher à l'augmenter en t'avertissant que les choses que j'ai à te dire t'importent encore plus que la sublime conquête que tu viens de faire. Enfin, si la confiance dans celui qui parle & dans ceux au nom desquels il parle, peut encore accroître le degré d'application dans ceux qui écoutent, je ne crois pas m'éloigner de ce but en annonçant que tu entends en ce moment l'organe du comité insurrecteur de salut public.

Peuple libre encore une fois ! peuple dégarrotté & victorieux ! livre-toi sans contrainte à tes transports (*neuf mots rayés*) : *tes maîtres ne sont plus*. Il est passé, ce temps où en leur présence & lorsqu'ils traitoient de ta liberté, de ton existence, de tes intérêts les plus chers, ils vouloient faire de toi un vil automate : nous ne te disons pas, nous, de ne (*deux mots rayés*) donner aucun signe d'approbation ni d'improbation. Peuple souverain ! si nous te trahissons ; si désormais nos paroles étoient aussi les avant-courières de notre perfidie & de nos crimes, au nom de la patrie & de la liberté, ne nous laisse point les achever : sur-le-champ, blâme-nous ! punis-nous.

Je crois encore convenable à mon exorde, Peuple français, de te déclarer ici quels sont les membres de ce comité insurrecteur de salut public, au nom duquel je t'adresse la parole ! Voici leurs noms.

France ! c'eſt toi toute entière qui m'entends ! Et toi, mon auditoire, qui composes avec nous ſes premiers libérateurs, je t'ai promis, ainſi qu'à elle, de dire des choſes dignes de ce grand jour, des choſes plus intéreſſantes encore que l'inſigne triomphe qu'il a éclairé; je dirai & je propoſerai les choſes qui garantiront au peuple qu'il ne pourra plus perdre les fruits de ce triomphe.

C'eſt toujours au peuple que je m'adreſſe : je ne vois encore que lui ici : on a parlé, dans l'acte inſurrectionnel, d'une repréſentation; elle n'exiſte point encore, puiſqu'elle n'eſt point encore reconnue; elle n'exiſte point encore, puiſque le peuple, encore en inſurrection, exerce toujours lui-même ſes droits; que tout autre pouvoir diſparoît devant le ſien : elle n'exiſte point encore, puiſque les fruits de l'inſurrection ne ſont point encore cueillis, ni même aſſurés au peuple. Citoyens, ſaiſiſſez bien cette circonſtance. Que d'anciens preſtiges ne vous faſſent point illuſion; c'eſt vous qui êtes ici, je n'y vois point de ſénat; c'eſt à vous, par conſéquent, à vous tout ſeuls que je vais parler; &, je le répète, il eſt utile, ſouverainement utile, que vous vous en pénétriez bien. Le moment eſt précieux; il eſt unique, il ne ſe repréſentera plus; de l'uſage que nous allons en faire, peut dépendre notre ſort perpétuel.

N°. XXVI.

ANALYSE de la doctrine de BABŒUF, *Tribun du Peuple, proſcrit par le Directoire exécutif, pour avoir dit la vérité.*

I. La Nature a donné à chaque homme un droit égal à la jouiſſance de tous les biens.

II. Le but de la ſociété eſt de défendre cette égalité ſouvent attaquée par le fort & le méchant dans l'état de nature, & d'augmenter, par le concours de tous, les jouiſſances communes.

III. La Nature a impoſé à chacun l'obligation de travailler. Nul n'a pu ſans crime ſe ſouſtraire au travail.

IV. Les travaux & les jouiſſances doivent être communs à tous.

V. Il y a oppreſſion quand un s'épuiſe par le travail & manque de tout, tandis que l'autre nage dans l'abondance ſans rien faire.

VI. Nul n'a pu, ſans crime, s'approprier excluſivement les biens de la terre ou de l'induſtrie.

VII. Dans une véritable ſociété il ne doit y avoir ni riches ni pauvres.

VIII. Les riches qui ne veulent pas renoncer au ſuperflu en faveur des indigens, ſont les ennemis du Peuple.

IX. Nul ne peut, par l'accumulation de tous les moyens, priver un autre de l'inſtruction néceſſaire pour ſon bonheur : l'inſtruction doit être commune.

X. Le but de la révolution eſt de détruire l'inégalité, & de rétablir le bonheur de tous.

XI. La révolution n'eſt pas finie, parce que les riches abſorbent tous les biens & commandent excluſivement, tandis que les pauvres travaillent en véritables eſclaves, languiſſent dans la miſère, & ne ſont rien dans l'Etat.

XII. La conſtitution de 93 eſt la véritable loi des Français : *Parce que* le Peuple l'a ſolemnellement acceptée : *Parce que* la Convention n'avoit pas le droit de la changer : *Parce que*, pour y parvenir, elle a fait fuſiller le Peuple qui en réclamoit l'exécution : *Parce qu'elle* a chaſſé & égorgé les députés qui faiſoient leur devoir en la défendant : *Parce que* la terreur contre le Peuple & l'influence des émigrés ont préſidé à la rédaction & à la prétendue acceptation de la conſtitution de 1795, qui n'a eu pour elle pas même la quatrième partie des ſuffrages qu'avoit obtenus celle de 1793 : *Parce que* la conſtitution de 1793 a conſacré les droits inaliénables pour chaque citoyen de conſentir les lois, d'exercer les droits politiques, de s'assembler, de réclamer ce qu'il croit utile, de s'instruire, & de ne pas mourir de faim; droits que l'acte contre-révolutionnaire de 1795 a ouvertement & complètement violés.

XIII. Tout citoyen est tenu de rétablir & défendre, dans la constitution de 1793, la volonté & le bonheur du Peuple.

XIV. Tous les pouvoirs émanés de la prétendue constitution de 1795 sont illégaux & contre-révolutionnaires.

XV. Ceux qui ont porté la main sur la constitution de 1793, sont coupables de lèse-majesté populaire.

FIN.

Dépôt légal : 3ème trimestre 1973

De l'Imprimerie de BAUDOUIN, imprimeur du Corps législatif, place du Carousel, n° 662.

www.ingramcontent.com/pod-product-compliance
Ingram Content Group UK Ltd.
Pitfield, Milton Keynes, MK11 3LW, UK
UKHW031936260826
14628UKWH00004B/1670

9 782011 945068